拉致監禁

旧統一教会 家庭連合に反対する人々

世界平和統一家庭連合

はじめに

２０２２年７月８日、安倍晋三元首相が凶弾に倒れられました。日本国内ではもちろんのこと、世界中でご生前の業績が称《たた》えられ、世界の指導者・各国首脳からも惜しまれながら、たくさんの追悼の言葉が寄せられました。心から元首相のご冥福《めいふく》をお祈りいたします。

その事件の犯人とされる容疑者が、当法人「世界平和統一家庭連合」への恨みを動機として行動に出たという報道に端を発して、その後、マスメディアによる、当法人に対する過剰な報道が続いています。その中には、明らかに事実と異なる内容を平然と流したり、当法人と関係のある個人や団体を追及して吊《つる》し上げたりするなど、あたかも魔女狩りをするかのような偏向取材・報道が公然と行われています。

そのような風潮の中で、家庭連合の全国の教会への脅迫電話、集会妨害、街宣車での大音量による罵声、さらには一般信徒の自宅にまで夜に昼に押しかけてのメディア取材など、甚だしい「信教の自由」の侵害、および人権侵害が起こっています。また、報道をきっかけに信徒の子供たちが学校に通えなくなったり、信徒が信仰を理由に会社から辞めるように追い詰められたり、家庭内において離婚を突き付けられるということも起こっています。

当法人として、まずマスメディアの方々には、このような過剰で偏向的な報道によって深く傷つく多くの信徒がいることを理解して、節度ある姿勢を守っていただきたいと強く要請いたします。

また、それとともに当法人が深刻に危惧することは、このような偏向報道によって不安をあおられた信徒の親族が、宗教的・思想的理由からもともと家庭連合に敵対している反対派の勢力につながり、そこで教唆を受けて、信徒に対する拉致《らち》監禁事件を起こすことです。

この日本において、拉致監禁事件など起きるわけがないと思う人もいるかもしれません。しかし事実において、1966年からこれまで、4300件以上の家庭連合信者に対する拉致監禁事件が起こりました。

その詳細は、本文に譲りますが、拉致監禁による強制棄教の実態は、悲惨そのものです。中には、暴力によって行われる拉致監禁に抵抗し、脱出しようとして重傷を負った事例、都内のマンションで12年5カ月にわたって拉致監禁された挙げ句、真冬に着のみ着のまま放り出され、解放された事例などもあります。また、多くの被害者が、解放後もPTSD（心的外傷後ストレス障害）や鬱《うつ》病などに悩まされ、日常生活に支障をきたしています。

このような信徒の悲劇が再び繰り返されないよう、家庭連合はこれからもこの問題に取り組み続け、拉致監禁の不安のない社会にしていくこと、後遺症に悩む人々に救済の手を差し伸べること、そして拉致監禁に荷担した人々の法的、道義的責任を徹底的に追及していくことをここに誓います。

それとともに、マスメディアの方々には、偏向報道がこのような悲惨な事件を誘発する可能性が十分にあることをご理解いただき、報道に際しては、正確・公正・客観的な取り扱いの上、事実に反する内容、憶測に基づいた内容を報道することのないように、重ねて要請いたします。

併せて、このような風潮がつくられるように、背後で手引きしている勢力がいることを理解することも重要です。特に本書の第一章には、家庭連合に反対するグループが、家庭連合を社会的に葬り去るためにどのような工作をしてきたか、その経緯と歴史をまとめてありますので、現在の状況の背景を知るためにも、熟読されることをお勧めします。

なお、本書は２００９年から２０１０年にかけて当法人が発行した、家庭連合信者に対する「拉致監禁問題」を扱った小冊子４冊の内容を合わせ、そこに新たな情報を加筆して再構成したものです。当法人の名称は２０１５年に正式な手続きを経て「世界基督教統一神霊協会」から「世界平和統一家庭連合」に変更されたため、本書に出てくる当法人名も、基本的には「家庭連合」としました。ただし、文脈に応じて「家庭連合（旧統一教会）」としたり、「統一教会」のままにしたりしたところもあります。

本書が、日本国憲法に記された「信教の自由」がきちんと保障され、誰もが平和に暮らせる社会を築くに当たって、一助となれば幸いです。

世界平和統一家庭連合 総務局

目　次

第一章

家庭連合（旧統一教会）に反対する人々

序

　日本において、家庭連合（旧統一教会）信者に対する棄教目的の拉致《らち》監禁事件が多発してきました。最初に監禁事件が起こったのは１９６６年です。以来、現在までの56年間で、４３００人を超える信者が監禁の被害に遭ってきました。

　この拉致監禁の悪質な点は、信者が信仰を棄《す》てるまで説得をやめず、監禁から解放しないことです。また、幸いにして監禁から逃れてきても、2度、3度、4度と、信者が脱会するまで、何度でも拉致監禁が繰り返されるため、反対牧師らと結託した親族を持つ家庭連合信者は、「また、いつ、どこで拉致監禁されるか分からない」「今度監禁されたら、二度と解放されないのではないか」といった不安を抱え、逃避的生活をせざるを得なくなり、平穏な日常生活を送ることが非常に困難になってしまいます。

　脱会するまで監禁を継続するというやり方は、日本のキリシタン迫害で用いられた方法です。キリシタンにとって、信仰を全うして殉教することは、ある意味で「信仰者の鏡」として称賛されます。ところが、日本の為政者は、キリシタンが栄光と思う「殉教者の道」を与えませんでした。

　それは、「キリシタンを皆殺しにすることはやさしいことだったが、迫害者たちは、それより転ばせる（棄教させる）方法を選んだ。理由はキリシタンを皆殺しにしても彼らを自分の意に従わせえなかったという侮辱《ぶじょく》を受けたことになり、自分たちの負けになるからである。迫害者たちが望んだのは、己れの命令に（キリシタンを）従わせることだった」（１６１２年3月28日付、宣教師オルファネルの報告。片岡弥吉著『探訪・大航海時代の日本③キリシタンの悲劇』小学館、40ページ）という理由からです。

　棄教強要のため、迫害者は拷問や踏み絵など、あらゆる手段を講じました。心理的な作戦として、父母と息子・娘、宣教師と信者を一緒に拷問することを通して、親子の情、師弟の情などに揺さぶりをかけ、棄教するように責め立てたのです。

　このようなキリシタン迫害は、家庭連合信者に対する親族と元信者を巻き込んだ棄教強要事件と通じる世界があります。監禁をきっかけに、ＰＴＳＤ（心的外傷後ストレス障害）に苦しみ続ける人も多くいます。監禁場所で自殺した人もおり、棄教強要の実態は悲惨です。

本章では、そのような拉致監禁事件がどのような経緯で始まり、行われてきたのか、その歴史をたどるとともに、事件に関連して知っておくべきことをQ＆A形式でまとめました。

これらを読めば、拉致監禁事件を背後で主導する人々がどのような動機と戦略で臨んでいるのか、理解できるでしょう。本書が、多発してきた家庭連合信者に対する「脱会強要事件」の真相を知る端緒となるように願ってやみません。50年以上にもわたって放置されてきた、棄教を目的とする拉致監禁事件が一刻も早く終息することを願います。

拉致監禁による強制棄教事件の歴史

１９６６年以降、反対牧師が暗躍した56年間を概観すると、４つの期間に区分できます。

第Ⅰ期が１９６６年～76年までで、この期間は、故・森山諭《さとし》牧師が福音派の立場から「統一教会（家庭連合）は異端」という動機を持って、強制改宗を始めました。それが66年で、その翌年の7月7日、朝日新聞夕刊に「親泣かせ原理運動」の記事が掲載され、不安をあおられた親族が森山牧師に相談して、事件が増えます。76年3月4～6日には、森山牧師が東京・八王子大学セミナーハウスで「統一協会問題対策セミナー」を開催し、監禁して説得する改宗法を他の牧師に伝授しました（「クリスチャン新聞」１９７６年3月21日号）。

第Ⅱ期は１９７６年～87年までで、この期間は森山諭牧師のほか、船田武雄牧師、高澤守牧師、和賀真也牧師、村上密《ひそか》牧師などの福音派牧師が多数加わり、事件が増えました。

対原理の意識高まる
信徒救出を焦点に
再臨待望同志会　統一協会問題対策セミナー開く
"原理"から"福音"へ
信徒導入法を森山師語る

「クリスチャン新聞」
1976年3月21日号

この時期、見逃せないのが日本共産党の動きです。共産党は日本赤化を目指してきましたが、78年4月、家庭連合の友好団体・国際勝共連合の活躍により、共産党が京都府知事選で敗北しました。これを受けて、宮本顕治委員長（当時）は、「**勝共連合との戦いは重大。大衆闘争、イデオロギー、国会、法律の各分野で……共同して、全面的な戦いにしていく必要がある。自民党に対しては“勝共連合といっしょにやれば反撃をくって損だ”という状況をつくることが重要だ。“勝共連合退治”の先頭に立つことは、後世の歴史に記録される『聖なる戦い』である**」（「赤旗」78年6月8日号）と宣戦布告しました。

赤旗
1978年(昭和53年)6月8日
日本国民の未来をかけ
他党派に競り勝つ気概
共産党県・地区委員長会議終わる
宮本委員長の結語

「赤旗」1978年6月8日号

これに呼応するかのように、同年11月13日、大学教授、ジャーナリスト、弁護士、牧師、国会議員らが連携し、「原理運動を憂慮する会」を発足。その会を背景に、日本基督教団の浅見定雄氏、川崎経子《きょうこ》牧師らが反対活動に乗り出しました。

１９７８～86年、棄教目的で、家庭連合信者を共産党系の精神科病院に強制入院させる事件が多発しました。しかし86年2月、被害を受けた信者が民事裁判で勝訴し、精神科病院を使った事件は終息。しかし、反対牧師と親族が結託して行う監禁形態を取る強制棄教事件は、警察も取り締まらないため続行され、年々事件が増加しました。

第Ⅲ期は、１９８７年～97年までです。「スパイ防止法制定」の動きに危機感を募らせた左翼陣営が、家庭連合および勝共連合を壊滅に追い込もうと、「霊感商法」キャンペーンを開始しました（「朝日新聞」87年2月14日付）。その報道で不安をあおられた親族が反対牧師に相談し、事件が増加します。また、日本基督教団は88年3月、「統一教会問題を宣教課題に」（「キリスト新聞」同年4月9日号）の方針で、反家庭連合活動に教団として取り組むことを決議（呼びかけ人は桑原重夫牧師）し、それ以降、事件が激増しました。93年3月の山崎浩子さんの失踪事件の頃には、年間３００件を超える事件が発生しました。

また、この期間、元信者が反対牧師や弁護士らと結束し、家庭連合潰しのための裁判「青春を返せ裁判」「婚姻無効裁判」を展開しました。

第Ⅳ期は１９９７年～現在までです。強制棄教の暴挙を諌《いさ》める者が誰もいない中で、97年、鳥取教会襲撃事件、路上での拉致《らち》事件、監禁された女性が自殺する事件など、悪質な事件が発生しました。

これに対し、鳥取教会を襲撃され、1年3カ月間の長期監禁被害に遭ったT・Hさん、および路上拉致の被害に遭ったI・Rさんらが牧師を相手に提訴し、これを機に事件の件数が徐々に減少しました。

1988年（昭和63年）4月9日　【毎週土曜日発行】　第2086号　週刊

キリスト新聞

発行所　東京都新宿区新小川町9－1　郵便番号162
キリスト新聞社
電話(03)260-6445(代表)
振替口座・東京8-196016
FAX 03-260-6699

©キリスト新聞社 1988
定価170円
予約購読料（送料共）

3ヵ月分	2,500円
半年分	4,950円
1年分	9,500円
海外半年	5,750円

本紙標語
平和憲法を護れ
再軍備絶対反対

日キ教団原理問題連絡会

統一教会問題を宣教課題に

一致した取り組み確認

各教区で〃救出・相談会〃

日本キリスト教団「統一原理問題全国連絡会」が、三月十七、十八の両日、東京・西早稲田の日本キリスト教会館で開催され、救出活動にかかわっている牧師など約三十人が参加し、各地での救出活動の取り組みが報告された。また今後、教団として、統一原理問題を宣教の課題として取り上げていくことを確認した。

月の全国役員会で「統一教会はキリストの名を語っているが、イエス・キリストを救い主とする肢体に連なる枝ではなく、即ち異端である」とし

「キリスト新聞」
1988年４月９日号

T・Hさんの民事裁判は、牧師も監禁事実を認め、勝訴しました。しかし、I・Rさんらの民事裁判は、牧師が監禁事実を否認し、敗訴することになります（I・Rさんの裁判では、最高裁が親族に対して異例の和解勧告をし、和解）。事件は終息せず、その後も起こり続けるのです。

そうした中で、２００８年2月10日、後藤徹氏が12年5カ月もの長期監禁から逃れてきます。その後、後藤徹氏は民事裁判の訴えを起こし、勝訴しています。

家庭連合に反対する人々に関するQ＆A

Q1　家庭連合（旧統一教会）信者に対する脱会説得をしているのは、キリスト教の牧師ですが、長年にわたって、どうしてここまで激しく反対するのでしょうか？

A　家庭連合の教え、および存在自体が、キリスト教の存亡に関わる問題であると感じているからです。

〝社会正義〟のためにやっているかのように吹聴《ふいちょう》する反対牧師もいますが、彼らが反対活動をする動機の核心部分には、自分の信じるキリスト教の教理を守ろうとする〝信仰〟を懸けた闘いがあるのです。

家庭連合の教えは、神様の創造理想である「真の家庭」を築くところに救いの基準を置いています。理想家庭を築くことは万人共通の願いであるため、家庭連合は超宗教の視点に立つことができ、神道、仏教、儒教、イスラームなどの他宗教とも和合していくことが可能です。

ところが、キリスト教は〝十字架〟を信じるところに唯一の信仰基準を置くため、〝教条主義〟に陥った場合には、十字架を信じない他宗教と和合していくことが困難になる傾向性があります。

2000年のキリスト教史を研究すれば分かるように、キリスト教は「十字架信仰」に敵対すると感じた宗教に対して、激しく攻撃してきました。十字軍戦争がその顕著な例です。

キリスト教の教えは、イエスは十字架で死ぬために来られたと信じます。ところが、家庭連合では、十字架は二次的な予定であり、神様の本来の願いではなかったとします。もし家庭連合の教えが正しいとすれば、2000年の伝統を持つキリスト教は、その教えの核心部分となる十字架の教理を変更しなければならなくなるのです。それは、キリスト教にとって絶対容認できないことであり、存亡を懸けた闘いともなり得るものです。

家庭連合の教えを日本に伝えるため、宣教師が遣わされたのは1958年7月15日のことでした。翌年10月2日、最初の礼拝が東京都新宿区で行われ、その後、わずかの期間で伝道が爆発的に進み、64年7月15日には、家庭連合が宗教法人の認証を受けて、日本社会に対し影響力を持つようになっていきました。

家庭連合の教えが社会に浸透することは、キリスト教にとって絶対容認できないことです。そのまま放置すれば、やがてキリスト教にとって脅威となる可能性があるという思いを、反対牧師らは募らせていったのです。

実は、故・森山諭《さとし》牧師（日本イエス・キリスト教団）による最初の監禁事件が起こったのは66年早春のことでした。穏便な話し合いで脱会させることが難しいため、強硬手段に出たのです。それは家庭連合の宗教法人の認証から、わずか1年半後のことです。反対牧師が取り組む動機には、キリスト教の信仰が深く関わっているのです。

56年間で4300件を超える脱会説得事件が発生した

ことは極めて異常な事態です。それは、反対牧師に「家庭連合はキリスト教ではない」という正統異端論争と通じる宗教的動機が働いているためです。そのような動機がある限り、脱会説得事件は簡単には終息しません。

森山諭牧師は、その動機について「彼らがキリスト教を名乗らなければ、問題にする必要もありません。しかし、彼らがキリスト教を名乗り……聖書をでたらめに解釈して人々を惑わすので、放っておけないのです」と述べています。

Q2 反家庭連合（反統一教会）活動には、一部のキリスト教牧師だけでなく、左翼思想を持つジャーナリストや弁護士なども連携して取り組んでいます。連携する理由は、どこにあるのでしょうか？

A 家庭連合（旧統一教会）の宣教活動は、十字架解釈をめぐる教理論争から、キリスト教圏においては、苦労を強いられることが多くあります。

しかし、キリスト教の基盤が小さく、人口の1％にも満たない日本社会においては、説得力ある家庭連合の教えであるがゆえに宣教が成功し、短期間のうちに基盤が爆発的に拡大しました。特に、70年代、80年代は、破竹の勢いでした。

そのような事態に〝危機感〟を募らせたのが、日本の共産化を目論《もくろ》む左翼勢力であり、かつ、長年日本のキリスト教化を願いつつも、宣教がうまくいかなかったキリスト教なのです。両者は共に、ほぼ同時期（激しくなるのは70年代後半）に、反家庭連合活動に熱心に取り組んでいくようになりますが、それは単なる偶然ではありません。

１９７８年3月、日本共産党は、次のように宣言しています。「日本の民主勢力はかれら（家庭連合と勝共連合）を、理論的にも、実践的にも追いつめ、その活動の余地が存在しえないように追及していかなければならない」（日本共産党著『原理運動と勝共連合』日本共産党中央委員会出版局、１３１ページ）

この目標は、十字架神学にこだわりを持つキリスト教（特に反対牧師ら）の目標ともなっています。浅見定雄氏（日本基督教団）は、次のように述べています。「統一協会を崩壊させるもうひとつの道がある。それは……世論を高め、彼らが日本社会に居られなくすることである」

（浅見定雄著『統一協会＝原理運動』日本キリスト教団出版局、224ページ）。

この「日本社会に居られなくする」ことが、両者の共通目標です。しかも、脱会説得によって得た元信者は、「その後、りっぱなクリスチャンとなり、逆に統一協会の信徒を救い出そうと伝道を始めるようになる」（森山牧師の弁、「クリスチャン新聞」76年3月21日号）というのです。元信者も脱会説得に取り組むというのです。

70年代末から80年代前半にかけて、共産党系の精神科病院を使った強制改宗事件が多発しました。しかし、この精神科病院を使った事件は、そこから逃れた家庭連合信者が民事の〝損害賠償請求裁判〟を起こし、86年2月28日、家庭連合信者が勝訴（東京地裁）することで収束しました。

しかし、件数が年々増加していったのが、反対牧師と親族らが結託して行う監禁を伴った脱会説得事件です。精神科病院を使った強制改宗が行えなくなった左翼勢力は、この頃から一部のキリスト教関係者側を支援するかたちで、協力関係を築いていくようになります。

そして、80年代後半から、キリスト教関係者と左翼勢力とが協力しながら、脱会説得で得た元信者による裁判闘争を開始していきました。それが「青春を返せ裁判」「婚姻無効裁判」などです。これらの裁判闘争は、「日本社会に居られなくする」ことを目指して世論を高めていくための、彼らの活動の一環なのです。

Q3 反対派は、家庭連合（旧統一教会）信者が拉致監禁され、脱会説得を受けるという深刻な「人権侵害」を、なぜ長年にわたって黙殺しているのでしょうか？

A 反対派の目的は家庭連合潰しです。反対派はそれを目標にして、長年取り組んできました。そのためにキリスト教関係者、元信者、左翼ジャーナリスト、反対派弁護士らは、家庭連合信者が拉致《らち》監禁されていることを知りつつ、その人権侵害の事実が知られないよう、黙殺してきたのです。

反対派の取り組む動機はさまざまです。最初の監禁事件は66年に起こり、以来、56年間で、把握できる事件で4300件を超えます。

監禁の手法を編み出した森山諭《さとし》牧師は、「統一教会は異端である」という〝魔女狩り〟的な動機から取り組みを始めています。

しかし、聖書解釈となれば、ユダヤ教とキリスト教が2000年を経た今もなお、旧約聖書の解釈をめぐって対立していることからも分かるように、穏便な話し合いで脱会に追い込むことは至難のわざです。ゆえに強制力を伴うかたちで監禁し、脱会説得をするようになったのです。反対牧師は、自分を「脱会カウンセラー」とも呼びますが、「脱会」の言葉が示すように、脱会するまで説得をやめないのです。

やがて、同じ「家庭連合潰し」の目標を掲げる左翼陣営が、反家庭連合の活動に加わるようになります。左翼陣営は60年、70年安保闘争で盛り上がりを見せ、70年代のそう遅くない時期に日本の共産化が果たせると踏んでいました。ところが、家庭連合の友好団体である「国際勝共連合」が68年に創立され、勝共運動が社会に浸透していくと、日本赤化が難しい状況となっていきました。

特に、左翼陣営が危機感を募らせたのが、78年4月の京都府知事選挙での共産党敗北です。

日本共産党の宮本顕治委員長（当時）は、共産党県・地区委員長会議で、「勝共連合との戦いは重大。大衆闘争、イデオロギー、国会、法律の各分野で、また被害を受けている勢力が共同して、全面的な戦いにしていく必要がある。自民党に対しては〝勝共連合と一緒にやれば反撃をくって損だ〟という状況をつくることが重要。〝勝共連合退治〟の先頭に立つことは、後世の歴史に記録される『聖なる戦い』である」（「赤旗」78年6月8日号）と宣戦布告しました。

この頃、頻発したのが共産党系の精神科病院を使った脱会説得事件です。しかし、前述したように、精神科病院を使った方法は、人権侵害裁判で家庭連合信者が勝訴して終息します。それに引き替え、年々増加したのが、親族を巻き込んで、信者を監禁して行う脱会説得事件でした。

その説得で脱会した元信者が裁判を起こし、それをマスコミが報道することで、いわゆる「霊感商法」問題が騒がれるようになります。（太田朝久著『踏みにじられた信教の自由』光言社、112〜141ページ）。また、87年2月14日からは朝日新聞による「霊感商法」批判キャンペーンも展開されました。そして、自民党などで、少しでも家庭連合と接触した者に対しては「霊感商法を行う反社会団体・家庭連合に荷担するのか」と糾弾し、分断作戦を採ってきたのです。いわゆる霊感商法問題は、

「勝共連合と一緒にやれば反撃をくって損だという状況をつくれ」という、宮本顕治委員長が打ち出した宮本路線を現実化したものとなっているのです。このような流れを継続させたいのが〝家庭連合潰し〟を目指す反対派らの共通した願いです。

人は自分の活動実績を確認したいものです。いわゆる「霊感商法」問題を積極的に取り上げて報道してきたジャーナリスト・有田芳生《よしふ》氏は、自民党議員から「霊感商法でしょ。あれからきっぱりと関係を絶ちました」との返答を聞いて、いわば宮本路線の実績確認を取っています（ブログ「有田芳生の『酔醒漫録』」06年9月23日）。

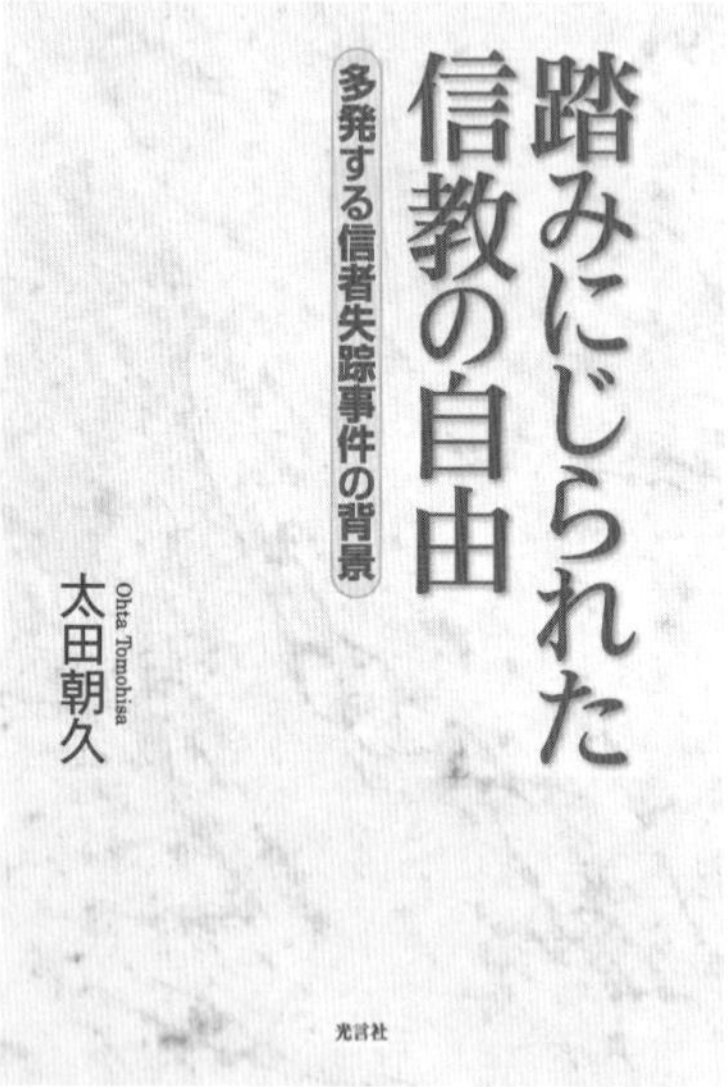

太田朝久著『踏みにじられた信教の自由』

これらの反対派の人々にとっては、霊感商法問題は積極的に報道し、社会問題化すべきものですが、家庭連合信者に対する拉致《らち》監禁による強制脱会事件は、徹底して隠蔽《いんぺい》して、取り上げる必要のないものなのです。

Q4 日本共産党は、家庭連合（旧統一教会）および国際勝共連合に対して敵意をむき出しにし、目の敵にしていますが、そこに至るまでに、どのような攻防の歴史があったのでしょうか？

A 家庭連合および国際勝共連合を壊滅させることは、左翼勢力の目標となっています。前述したように、1978年6月、日本共産党の宮本顕治委員長（当時）は、家庭連合の友好団体・国際勝共連合に対し、「勝共連合退治の先頭に立つ」（「赤旗」）と宣戦布告しますが、実際には68年から78年までの10年間にも、勝共連合と共産党の間で、さまざまな攻防がありました。

日本の共産化の危機は、終戦以降、何度かあったと言われます。特に60年、70年安保闘争の頃は、学生や青年層に左翼勢力が浸透し、共産主義革命が実現しそうな勢いがありました。

この日本の危機的状況を打破しようと、68年に創設された国際勝共連合は、国内で勝共運動を推進しました。会員らは主要都市の駅前や街頭にくり出し、共産主義の間違いを訴え、啓蒙《けいもう》活動を展開していったのです。そして70年9月、日本武道館で2万数千人を集めて「WACL（世界反共連盟）世界大会」を開催し、大成功を収めました。

また、72年4月、宮本委員長に12項目の「公開質問状」を送付しました。しかし返答がないため、6月6日、日本共産党本部に行って、「公開討論会に応ぜよ」と要望書を手渡し、渋谷と新宿の駅頭で街頭討論会を準備して待ちました。しかし、日本共産党は無視し続けたのです。

6月22日には、毎日テレビ放送（現在のテレビ東京）が「ドキュメント・トーク」という番組で、共産党と公開討論をやってほしいと要望してきました。勝共連合はそれに応じますが、共産党がこれを拒否したため、結局、番組は流れてしまったのです。

そればかりか、勝共連合が共産党員の必読教科書『共産主義読本』を批判すると、共産党は批判された箇所の書き換えや削除をし、出版し直しました。なおも批判を続けると『共産主義読本』を絶版にして、共産党は理論戦で完全に敗北したことを自らの手で証明する結果となったのです。

以上の経緯から、共産党は78年3月、『原理運動と勝共連合』を出版し、「日本の民主勢力は彼らを、理論的にも、実践的にも追いつめ、その活動の余地が存在しえないように追及していかなければならない」（131ペー

日本武道館で開催された「WACL 世界大会」
（1970 年 9 月 20 日）

ジ）と訴えるまでに至ったのです。その翌月、京都府知事選挙で共産党が敗北しました。勝共連合によって、28年間にわたって支配してきた京都府政が倒れたため、宮本氏は「勝共連合退治」を呼びかけ、躍起になって乗り出したのです。

実は、京都府出身のジャーナリスト・有田芳生《よしふ》氏は、学生時代、共産党の学生組織・民主青年同盟（民青）に所属し、その後共産党に入党しています。有田氏の父は共産党京都府委員会副委員長で、参院選で比例区名簿に名を連ねたほどの人物です。有田氏も大学卒業後、共産党系出版社に入社（77年）しており、親子2代続く熱心な共産主義活動家です。勝共連合および家庭連合を批判し続ける有田氏は、いわば宮本路線を踏襲しているのです。有田芳生氏について、詳しくは『有田芳生の偏向報道まっしぐら』（太田朝久、三笘義雄著、賢仁舎）をお読みください。

また、反対牧師の脱会説得で棄教した元信者の裁判を担当する弁護士にも、左翼思想から来る政治的意図があることを知っておく必要があります。

Q5

全国霊感商法対策弁護士連絡会（全国弁連）は、1987年から始まった「霊感商法」問題について積極的に取り上げ、家庭連合（旧統一教会）批判を展開しています。この全国弁連が発表する内容を、マスコミは積極的に報道してきましたが、この団体設立の背景について教えてください。

A

家庭連合の友好団体である国際勝共連合は、1960年代から共産主義・社会主義の間違いを訴え、日本の共産化・社会主義化を阻止する運動を展開しました。また、勝共連合の友好団体「スパイ防止法制定促進国民会議」は、日本の共産化のために暗躍するスパイや工作員らを法的に取り締まるため、「スパイ防止法」制定推進の運動を進めていました。全国弁連は、これらの国民運動を阻止しようとして設立された、政治的意図を持つ団体です。1978年、京都府知事選挙で、28年間にわたって続いてきた共産党府政が敗北したことは、左翼勢力に大きな衝撃を与えましたが、さらに彼らが危機感を募らせたのが「レフチェンコ事件」でした。1979年にアメリカに亡命していたレフチェンコ氏が、

82年12月、ワシントンDCで日本におけるソ連の秘密情報機関KGBのスパイ活動、および工作員に関する衝撃的な証言をしたのです。

83年から勝共連合と社会党（現、社民党）との間で「レフチェンコ事件裁判」が始まりました。この裁判は、レフチェンコ証言はCIAと勝共連合の謀略であると「社会新報」に記載されたことに対し、勝共連合が社会党を名誉毀損《きそん》で訴えたものです（94年に、社会党が勝共連合に解決金200万円を支払うことで和解）。この裁判の社会党側の代理人弁護士の一人が、全国弁連の山口広弁護士です。

「スパイ防止法」制定に危機感を募らせた左翼勢力が、勝共連合および家庭連合を潰そうと躍起になって乗り出したのは、86年11月26日の「スパイ防止法案」の再提出からです。

全国弁連の発足の背景について、『「霊感商法」の真相』（「霊感商法」問題取材班著、世界日報社、206〜207ページ）によれば、横浜弁護士会所属の小野毅弁護士が、86年10月23日、日本ジャーナリスト会議のシンポジウムで、「発足した時、被害者は1人しかいなかったが、弁護団を発足させ、マスコミに取り上げてもらって被害者を発掘しようということになった」と語るとともに、全国弁連が、共産党系を核とする左翼的活動家弁護士の集団である青年法律家協会（青法協）を中心に、スパイ防止法阻止のために発足した経緯について述べています。

家庭連合の一部の信者が、独自の経済活動として開運商品や仏具等を販売していたことがあるのは事実です。しかし、このような販売行為はあくまで、販売員とその関係会社が行ったもので、家庭連合はそのような販売活動は一切しておりません。ところが、全国弁連の弁護士らは、「霊感商法の手口により集められた資金がスパイ防止法制定推進運動の資金とされている」と邪推し、左翼的マスコミと結託して「霊感商法」反対キャンペーンを展開したのです。

それから1年後の87年10月23日、「朝日ジャーナル」の伊藤正孝編集長が、東京・銀座の資生堂パーラーで、ごく近しい記者仲間たちを集め、「〝霊感商法〟とジャーナリズム」というテーマで講演し、次のように語っています。

「『新聞やテレビは被害者、被害者というけれども、自分たちが売りつけた購入者の9割はみんな喜んでいる。

彼らは9割9分と言いますが、みんな喜んでいる。それなのになぜたった1％ぐらいの反対者のことばかり報道するのか』。こういう抗議が（彼らから）何度もまいりました。……確かに彼らの言うことには一理ありまして、『霊感商法』被害を訴えているのは、ほぼ5％未満であります。ある種の世論調査をわれわれが取ったのですが、大部分は今もですね、壺《つぼ》の効用を信じている」

伊藤編集長は、この日の集まりが、いわば〝身内〟の集まりだったため、批判キャンペーンには都合が悪いとして隠していたデータ（5％未満）を、ついポロリと漏らしたのです。

この伊藤編集長の発言からも分かるように、反対派は、事実に基づいて報道しようとするのではなく、何としてでも社会問題化させ、家庭連合や勝共連合を窮地に追い込もうという特定の政治的意図を持って出発していたのです。それが、いわゆる〝霊感商法〟批判キャンペーンであったという事実を知っておく必要があります。

Q6 1987年に始まった、いわゆる「霊感商法」キャンペーンの背景には、「事前工作」とも言うべき元信者の活動があったと聞きました。それはどういうことなのか、説明してください。

A 1987年2月14日、朝日新聞が〝霊感商法〟キャンペーンを開始しました。以来、反対派は、マスコミなどを通じて「反社会的な霊感商法を行う統一教会（家庭連合）」という批判を展開しました。この〝霊感商法〟キャンペーンには、いわば〝事前工作〟と呼べる元信者の活動があったことを知らなければなりません。

家庭連合を脱会させられた元信者は、自分の献金に対する返金要求だけでなく、家庭連合信者らの経営する企業に就職していた場合には、宗教法人・家庭連合（旧統一教会）と関係がないにもかかわらず、その顧客にも働きかけて返金させていく活動をしていました。

例えば、反対牧師の和賀真也氏が主宰するエクレシア会の「エクレシア会報」第21号（82年6月11日付）には、Mさんの脱会した経緯とともに、彼女が脱会後、脱会説得者と共に自分の顧客を積極的に回った事実が、次のように報告されています。

「遂《つい》に脱会の決意が成り、大阪まで同行し、印鑑や壺販売のお客一人一人の家を回って、間違いを告白し、働

きを止める旨告げて行った」（14ページ）

また、同会報第18号（82年3月10日付）にも、「昨年1千万円を越える同様の取引解約にひき続き、再び高額商品の返品・解約に成功した。被害にあった人は長野県の善良な未亡人であり、不運な体験を威迫商法に利用されて亡き夫の財産をつぎ込み、1300万円を支払ってしまった。その後、エクレシア会によりこれは統一協会の営利事業と分《わか》り、解決に努めてきた」（6ページ）とあります。このようにして、顧客を訪問して、ことさらに営利事業を家庭連合と結びつけた話をすることによって、解約・返金をさせる活動をしているのです。

田口民也編著『統一協会からの救出』（いのちのことば社）にも、元信者が自分の就職していた企業の顧客を回って、商品を返品させるための働きかけをした事実が、次のように報告されています。

「（脱会後の）彼は霊感商法で壺や多宝塔を売った人たちのところへ行って、何度玄関払いされても、熱心に自分の間違いをおわびし、イエス・キリストに救われた喜びを伝えてゆきました。

Fさんという婦人は、最初の3日間ほどは玄関にも入れてくれなかったということでしたが、N君の真実な態度とあまりの真剣さに、よくよく話を聞いてみようということになり……ついにはイエス・キリストを信じ……多宝塔も返して、代金を取り戻すことができたそうです」（189～190ページ）

また、日本基督教団出版局発行「信徒の友」1988年5月号にも、元信者らの働きかけによって、返金がなされた実例が報告されています。個人が特定されないために、いくつかの事例を基に再構成したとしながらも、次のように述べています。

「知人に相談、回り回ってある牧師を紹介された。（家庭連合信者の）妻にはうそをついて、母も加わり3人でその牧師館を訪ねた。

（妻の脱会の）説得は夜8時から明け方にまで及んだ。12時頃、ふとつきものがおちたかのように我に返った。霊感商法の被害届がたくさん出ていること、文鮮明という人がどんな人でどういう生活をしているか、キリスト教とのちがい、などを、その牧師はひたすら話した。

……

（そして）献金や、母の分も合わせて、被害額の計1450万円は、弁護士を通して統一協会並びに販売会社に契約の取り消しを求めた結果、ほぼ全額もどってき

た」（20ページ）

このように、反対派は「キリスト教とのちがい」を語り、説得して脱会させた元信者らの働きかけによって、本人が捧《ささ》げた献金ばかりか、家庭連合信者が経営していた企業への返金請求をさせて、その額を〝霊感商法〟の被害額として、家庭連合批判に利用していきました。

反対派は、〝霊感商法〟キャンペーンが開始されるより前に、さまざまな元信者自身の返金訴訟および顧客への働きかけによって、被害者を発掘する活動を行っていたのです。そして、マスコミでキャンペーンが始まると、それまで購入した商品に満足していた人も不安をあおられ、消費者センターなどに相談することで、それがまた、さらにマスコミで取り上げられ、徐々に〝霊感商法〟問題の騒ぎが拡大されていったのです。

反対派による脱会説得事件がなければ、元信者が顧客に働きかけてキャンセルさせる事前の工作活動もあり得ず、いわゆる〝霊感商法〟問題がここまで社会問題として拡大化されることはなかったと言えるのです。

反対派には、家庭連合や文鮮明《ムンソンミョン》師に対する憎悪心があり、家庭連合を壊滅させようとする明確な意図があるために、田口民也氏は「統一協会には断固たる態度をとる」と題して「献金したものは当然返金してもらう。購入した物も返品して、その分のお金を返してもらう」（『統一協会からの救出』126ページ）と指導しています。また、浅見定雄氏も「受けた被害には泣き寝入りしないこと。経済的被害もなるべく取り戻したらよい。それは自分たちのためだけでなく、統一協会にダメージを与えるためである」（『統一協会＝原理運動』223ページ）と指導しています。

4300件以上も起こった拉致《らち》監禁を伴う脱会説得事件は、極めて深刻な人権侵害であるにもかかわらず、反対派は拉致監禁という〝人権侵害〟の事実を隠蔽《いんぺい》しようと躍起になっています。その反面、「あくどい霊感商法」などと述べて家庭連合を批判し続けるのは、脱会説得によって得た元信者を用いることで、家庭連合を窮地に追い込んでいこうとする狙いがあるためです。

また、家庭連合の友好団体である勝共連合に対しては、宮本顕治氏が打ち出した「自民党に対しては〝勝共連合と一緒にやれば反撃をくって損だ〟という状況をつくることが重要だ」という戦略によって、「自民党」と「勝共連合」との分断作戦を成功させようとしているのです。

Q7 家庭連合（旧統一教会）信者に対する拉致監禁事件は、純粋に「家庭問題」によって引き起こっているものであって、家庭連合が言う〝強制改宗グループ〟など存在していないという主張を聞きました。真相はどうなのでしょうか？

A 拉致監禁行為は、たとえ親族が行ったとしても犯罪です。反対派は、その犯罪行為を教唆している事実を隠蔽したいがために、そのようなうわさを流し、拉致監禁はあくまでも親族が行っていることにしたいのでしょう。

長年にわたって、反対派やマスコミは家庭連合批判を繰り返してきました。反対牧師が暗躍した約50年間で、批判書（週刊誌などを除く）は140冊を優に超えています。反対派の思い入れは極めて異常です。

その批判内容は、家庭連合内部でリンチが行われているといった誹謗《ひぼう》中傷、未解決の凶悪事件に対する事実無根の家庭連合犯行説、さらには、事実がゆがめられて伝聞された文師の「経歴詐称疑惑」、家庭連合出版物の「相互矛盾」の揚げ足取り、統一原理を曲解した「教理批判」、風聞に過ぎない「血分け」などの中傷です。反対牧師の説得で脱会した元信者が起こした訴訟、いわゆる「青春を返せ裁判」「霊感商法裁判」「婚姻無効裁判」などの裁判記録や報道なども、脱会説得のための批判資料とされています。

これらは、親族の不安をかき立てるものばかりです。批判書を読んで不安を抱き、そこに記載してある相談窓口などに連絡して反対牧師とつながった親族は、さらに不安をあおられて、結局、反対牧師や元信者らと協力体制を組みながら、家庭連合信者の〝脱会説得〟に取り組むようになるのです。

よく反対派は、「家族だけでは救えないけど、家族にしか救えない」（「日本海新聞」07年5月28日付）と言います。つまり、脱会説得を成功させるには、親族と反対派の〝共闘〟が必要不可欠だと言うのです。

「家族だけでは救えない」というのは、脱会説得には、統一原理批判に関する専門的な知識と脱会させるためのテクニックが要るからです。浅見定雄氏が『統一協会＝原理運動』で、半分以上のページを割いて教理批判をし、また、川崎経子《きょうこ》牧師（日本基督教団）が「原理の着物を脱ごう」と語って、家庭連合信者を説得していることからも、それが分かります。浅見定雄氏も「教えのことは、それをよく心得ている説得者に任せたほうがよい」（『統一協会＝原理運動』29ページ）と指導しているのです。

一方、「家族にしか救えない」ということで、親族らは、話し合いの環境づくりと称し、信者をマンションなどに監禁しますが、その本当の目的は、反対牧師に引き合わせ、信者を脱会説得することにあるのです。

このように、拉致《らち》監禁を伴った「脱会説得」は、拉致監禁の実行犯である親族のみでなせる行為ではなく、言わば、脱会説得の〝専門家〟とも呼ぶべき説得者がそこに加わってこそ、成し得ることなのです。

日本基督教団は、１９９３年1月28日の声明文「再び、『統一原理』問題に関する声明」で、「統一協会を脱会した元信者達の訴訟も全国で行われ、被害者の救済と被害者を出さないための運動が進められている」とし、その訴訟が一連の組織的な反対活動をする中での〝実り〟であることを述べ、「日本基督教団はあらためてこの問題の重要性を確認し、今後も一層の努力をして統一協会の実態を世に示し、被害者を出さない活動を行い、被害者の救済に取り組み、統一協会が消滅するまで活動することを表明する」としています。

また、日本共産党も「日本の民主勢力はかれら（家庭連合と勝共連合）を、理論的にも、実践的にも追いつめ、その活動の余地が存在しえないように追及していかなければならない」（『原理運動と勝共連合』１３１ページ）と公言し、長年取り組んできているのです。

４３００件以上も起こった拉致監禁事件です。脱会した元信者が裁判を起こすことで、反対派は社会問題化を拡大させてきました。拉致監禁事件の多さが、裁判の多さにつながっており、これは日本基督教団の声明文「統一協会が消滅するまで活動する」、および日本共産党の「活動の余地が存在しないように追及」するという、反対派の取り組みの一環となっています。そして、その裁判をマスコミが取り上げて報道し、それを見て不安をあおられた父兄が新たな拉致監禁に踏み切る。このような〝負の連鎖〟が繰り返されるという異常な事態が起こっていると言えます。

Q8 家庭連合（旧統一教会）側は「拉致・監禁」と言っていますが、実際にはそれは「保護・救出」であって、親族間における「話し合い」に過ぎないという反対派の主張を

聞きました。真相はどうなのでしょうか？

A 親族らは、話し合いの環境づくりと称し、信者をマンションなどに監禁しますが、その本当の目的は、反対牧師と引き合わせ、信者を脱会説得することにあります。〝話し合い〟というのは建前であって、脱会を成功させるための作戦の一環に過ぎません。

脱会させることが目的なので、もし「こんな閉ざされた場所なんかで、反対牧師とは会いたくない」と拒めば、親族と共に無期限となり得る監禁生活が、延々と継続されることとなってしまうのです。

山崎浩子さんの場合、「（親族から）原理講論の解説をしてくれと言われて、必死で説明しても、ほんの最初の三行でつまずいてしまう。どうして、うちの親族は、こうも物わかりの悪い人間たちなのだろう」（山崎浩子著『愛が偽りに終わるとき』文藝春秋、185ページ）と嘆いていますが、これはほとんどのケースで用いられる作戦の一つです。親族は信者の考え方や統一原理を理解しようとする動機から講義を聴いているのではなく、初めから暗礁に乗り上げるよう教理論争のまねをし、最後には「やっぱり納得できない」と言って、牧師の介入のチャンスを得るため、本人からの承諾を得ようと仕向けているだけなのです。

本当に「話し合い」なら、自由な環境で行い、お互いの心が通じ合って完全に理解し合えるまで、徹底的に話し合うべきなのが常識です。

ところが、やがて反対牧師（親族でない説得者）が介入すれば、浅見定雄氏が「親は、説得者と本人とのやりとりにあまり口を差し挟むべきではない」（『統一協会＝原理運動』38ページ）と指導しているように、親族は事前の計画どおり、もっぱら〝監視役〟に退いてしまうのです。

浅見氏は、「本人が……分かってくれた（と私は信じた）のに、家へ帰ったあと再び統一協会へもどってしまったという痛恨の事例も幾つかある」（同44ページ）と述べ、説得した信者が、その後も家庭連合の信仰を持ち続けるケースを「痛恨の事例」だと告白しています。

また、川崎経子《きょうこ》牧師も「説得について二、三の注意」として、「（牧師と会わせる際に）絶対に妥協して期限を切ってはなりません。期限つき説得は、成功しません。期限を切った時に、すでに勝敗は決定的です。……裏を返せば『一週間我慢して自己防衛すれば……原理に帰ることができるのだよ』と、子どもを励ましていることになるのです」「複数（2人）の説得者の利点は……A牧師の説明では不十分だったことを、B牧師の言葉によって補うことができるからです。……異なった目で見ることによって、〝偽装脱会〟を見抜けることです」（川崎経子著『統一協会の素顔』教文館、191～193ページ）とし、信者が脱会を決意した後も、「落ち込み、ゆれ戻しは必ずやってきます。まだ安心はできません」（同195ページ）などと述べています。このように、牧師は「期限つき説得」を強く戒め、脱会に至るまで無期限の脱会説得をするように指導しているのです。

その上で、念を押すように「ツメが甘くなっていませんか」（同196～197ページ）と強調し、家庭連合の信仰を〝根こそぎなくす〟ための指導を徹底させています。これらの発言から分かるように、反対派の眼中には、家庭連合信者を「脱会させる」ことしかありません。反対牧師は自らを「脱会カウンセラー」と呼んでいるように、脱会させることがその目的であり、信者の信仰を尊重する配慮などないのです。〝ツメ〟が甘いかどうか、あるいは〝勝敗〟を云々《うんぬん》すること自体、それが尋常な話し合いの場ではなく、〝信仰（思想）の破壊工作〟の場であるとしか言いようがありません。

このように、家庭連合信者の脱会を徹底させるその姿勢は冷酷そのもので、彼らの言う「話し合い」なるものを終えるには、〝脱会〟という選択肢しか与えられていないため、家庭連合信者は、それこそ地獄の苦しみを味わうこととなります。また、命からがら監禁から逃れてきたとしても、家庭連合を脱会しない限り、2度、3度、4度と拉致《らち》監禁が繰り返されるのです。

明確に脱会を拒んだ後藤徹氏のケースでは、監禁期間が12年5か月の長期に及んでいます。この監禁の長期化は、脱会しない限り監禁から解放しないためであり、このようなやり方が「話し合い」と呼べるはずがありません。

Q9

拉致監禁がきっかけで、PTSD（心的外傷後ストレス障害）を発症し、苦しみ続ける人がいると聞きました。　拉致監禁の被害者数に対し、PTSDなどの後遺症で苦しむ人はどのくらいの割合に上るのでしょうか？

A　家庭連合（旧統一教会）側が把握している拉致監禁の被害者数は、1966年から現在までの56年間で、4300人を超えています。なお、ジャーナリストの米本和広氏の取材に対し、反対派の人物が「最低でも5000人はいる」（「月刊現代」04年11月号、289ページ）と回答しており、家庭連合が把握できていない水面下でも、被害を受けていた人がいるものと考えられます。

ちなみに、山﨑浩子さん失踪《しっそう》事件（1993年3月）が起こった前後、マスコミの家庭連合批判報道が激しかった頃に事件が激増し、91年に302人、92年に375人、93年に360人と、わずか3年間で1000人を超える被害者が出ています。批判報道にあおられた父兄たちが、反対牧師につながることで、新たな〝拉致監禁事件〟が起こされてきたのです。

拉致監禁被害者のうち、PTSDを発症した人はかなりの割合に上ると考えられますが、監禁は、信者が脱会するまで無期限で続けられ、被害に遭った信者の約7割が脱会しているため、把握できません。また、自力で監禁から脱出してきた約3割の人の中に、深刻な精神的ダメージを受けている人を見かけますが、そのような人に対しても、2度、3度、4度と拉致監禁が繰り返され、脱会へと追い込まれてしまうことから、その後の経過が不明であり、把握できない状況です。

ただし、偽装脱会等によって難を逃れ、家庭連合に戻ってきた人の証言によると、偽装脱会中に接することのできた元信者の中に、意味不明な言葉を発する人、自殺未遂、人間不信、無気力、社会復帰ができない人など、深刻な精神的ダメージを受けている人を複数見かけたとのことです。また、偽装脱会をして家庭連合に逃げ帰ってきた人も、悪夢にうなされるなどの症状が見られるため、PTSD被害はかなりの割合に上ると見られます。

ちなみに、米国の宗教学者デビット・ブロムリーとジェームス・ルイスが調査した「カルト脱会シンドローム・誤った原因の帰属」（1987年）によると、脱会者のうち、強制的方法で脱会させられた人の61％に「意識の浮遊や変成状態」が見られ（強制的でない人の場合11％）、その他、悪夢47％（強制的でない人の場合11％）、健忘症・記憶喪失58％（強制的でない人の場合8％）、幻覚・幻影36％（強制的でない人の場合4％）、単調な精神的リズム56％（強制的でない人の場合3％）、激しい感情的爆発42％（強制的でない人の場合9％）、自殺・自己破壊的傾向31％（強制的でない人の場合9％）という調査報告がなされています。この調査から、強制的脱会説得が、いかに大きな精神的ダメージを与えているのかが分かります。

Q10 キリスト教史の中で、日本におけるキリシタン迫害が最も厳しい迫害であったという話を聞きました。迫害といえば、ローマ帝国でのキリスト教迫害が有名ですが、日本のキリシタン迫害が最も厳しかったと言われる理由を教えてください。

A 1597年2月、長崎26聖人の殉教事件が起こりました。以来、日本は長く厳しいキリシタン迫害時代に入っていきました。このキリシタン迫害について、キリシタン史研究家の片岡弥吉氏は、次のように述べています。

「世界史の中で、ローマ帝政時代300年のキリスト教迫害はもっともよく知られている。けれども、徳川幕府のキリシタン迫害には及ばない。ローマの迫害は皇帝によって寛厳があり、また迫害が中断されたこともあったし、教皇以下神父たちもいて祭儀も行われた。徳川幕府の250年に及ぶ迫害はやむことなく、その検索も緻《ち》密《みつ》・厳重をきわめており、神父も殉教しつくして、ひとりの聖職者もいない時代が7世代にわたる久しきに及んだ」（『探訪・大航海時代の日本③ キリシタンの悲劇』36ページ）

日本におけるキリシタン迫害が他に類を見ないほどに厳しかった理由は、迫害者が信者に「殉教者の道」を選ぶことをさせず、棄教するまで監禁して拷問し続けるという方策を取ったためでした。

1607年に来日した宣教師オルファネルは、当時の迫害状況を次のように報告しています。

「キリシタンを皆殺しにすることはやさしいことだったが、迫害者たちは、それより転ばせる（棄教させる）方法を選んだ。理由はキリシタンを皆殺しにしても彼らを自分の意に従わせえなかったという侮辱《ぶじょく》を受けたことになり、自分たちの負けになるからである。迫害者たちが望んだのは、己れの命令に（キリシタンを）従わせることだった」（同40ページ）

こうして迫害者は、棄教のために有効と思われるあらゆる手段を採ったのです。拷問の方法も陰湿で、残酷なものが数多くありました。

文献から具体的に述べると、

①**火あぶり**：生身の人間を焼き殺す方法で、柱に縛り、苦しみを長引かせて転ぶ機会を与えるために、縛った縄も弱くし、薪《まき》は柱から離しておく。

②**竹鋸《たけのこ》引き**：キリシタンを街道わきの柱にくくり、首に刀傷をつけ、そばに竹鋸を置く。刑吏《けいり》や通行人がこの竹鋸で首の傷跡を引き裂いていく。

③**穴つり**：深さ2メートル、直径1メートルほどの穴のそばにつり台を立て、信者をつり台から穴の中に逆つりにする。内臓が逆転したり、頭に充血したりして早く死なないよう胴体を綱でぐるぐる巻きにし、耳の所に小さな穴を開けておく。中央を半円にくり抜いた板2枚を、腰に当てて蓋《ふた》にする。その苦痛を倍加させるために、穴の底に汚物を入れることもある。

④**雲仙の地獄責め**：雲仙の硫黄泉の噴出口に連れて行き、長い柄《え》の柄杓《ひしゃく》で熱湯を汲《く》み、その柄杓の底に開けられた小さな穴からしたたる滴《しずく》を、裸の肉体の至る所に注ぐ。苦痛を長引かせるために、医師が焼けただれた傷に手当てを加え、小屋に入れて藁《わら》の上に休ませた。1日に1回、1椀《わん》の飯と鰯《いわし》1尾が食事として与えられ、拷問は幾日も続いた。（参考：前掲書および岡田章雄編『図説・日本の歴史10―キリシタンの世紀』集英社から）

以上のように、キリシタンを殉教させるのではなく、棄教目的のために監禁した上、さまざまなかたちで拷問したのです。中でも「穴つり」は残忍で、当時、来日していた反キリシタンのオランダ人でさえ、その陰湿な拷問方法を嫌悪したといいます。また「雲仙の地獄責め」は、拷問で受けた傷の手当てをし、食事を与え、体力が持ち直せば、再び拷問をする方法が採られました。棄教させるために、まさに〝あめとムチ〟方式でキリシタンの心身をもてあそんだのです。このように、日本のキリシタン迫害では、信者が信仰を棄《す》てない限り、監禁がいつまでも継続されたのです。

長い間迫害されたキリスト教が、今度は迫害する側に回り、肉体に対する拷問は基本的にないにせよ（注：監禁中、信者の手足を縛る、暴力を振るう、病気になっても病院に行かせないなど、不幸にも肉体に危害が及ぶこともありますが）、棄教目的の監禁をして、家庭連合信者が信仰を棄てない限り、いつまでも監禁を継続する方法を採っているのです。これは、どれほど苦しいことでしょうか。迫害史の中で、最も残忍と言われる方法が継承されているのです。

一部のキリスト教牧師らが、親族と組んで信者を監禁し、棄教を目的に脱会説得しているのは極めて問題であり、この信教の自由の侵害行為を〝親子の話し合い〟の名のもとで放置してきた日本社会は、後世から大きな断罪を受けることでしょう。

Q11 長く厳しかった日本でのキリシタン迫害が終わったのは、どのような経緯からでしょうか?

A 残念ながら、日本政府自らが「信教の自由」に目覚めることでキリシタン迫害が終わったのではありません。きっかけは「浦上四番崩れ」に対する諸外国からの非難、外圧によるものです。

キリシタン迫害において、幕末から明治初期にかけて「浦上四番崩れ」と呼ばれる大迫害が起こりました。

徳川幕府が鎖国を解いた7年後の1865年、長崎に大浦天主堂が建ちましたが、そのとき、長く潜伏してきた多くのキリシタンたちが名乗りを上げました。これは世界宗教史の奇跡とさえ言われました。しかし、その2年後の1867年7月、幕府の捕り手が浦上に乗り込み、キリシタンを拉致《らち》したのです。

信者は拷問に屈して一度は棄教を表明しますが、すぐに信仰を持ち直しました。そこで翌68年7月、再度、信者は役所に呼び出され、次々に捕縛され、住み慣れた家から福山、津和野をはじめ、鹿児島、広島、岡山、姫路、松江、鳥取、徳島、高松、松山、高知、和歌山、名古屋、金沢、富山などの別の場所に移され、そこで棄教を強要されたのです。彼らキリシタンは犬の扱いを受けて1匹、2匹と数えられ、見知らぬ土地で監禁されて、棄教を迫られたのです。

こうして、キリシタン迫害がなされている最中である1871年11月、岩倉具視《ともみ》を特命全権大使とする岩倉使節団が横浜港を発《た》ち、1年10か月にわたって、条約改正問題の交渉のため、アメリカを経て欧州諸国を訪問しました。ところがその際、キリシタンを迫害し、信教の自由を認めない野蛮な国とは条約を結べないとの激しい非難を受けたのです。

この岩倉使節団の経緯を、永井隆氏は著書『乙女峠』(中央出版社)で、次のように述べています。

「どこの国に行っても、日本政府が人民に信仰の自由を与えていないのは野蛮国だ、という非難の世論がごうごうと岩倉大使一行を攻撃し、ことにベルギーのブリュッセルでは、一行の乗った馬車が市中を通るとき、市民がおしよせてきて口々に非難し、人民に信仰の自由をゆるし、流されている浦上のキリシタンを牢《ろう》から出せ、と叫んでやみません。

……ついに使節から東京に電報が打たれました。『吾《ご》人《じん》は行く所として、切支丹《キリシタン》追放者と信教自由とのために外国人民の強訴《ごうそ》に接する、この際、前者はすみやかにこれを解放し、後者については幾分の自由寛大の意向を表明しなくては、とうてい外国臣民の友誼《ゆうぎ》的譲与を期待することはできない。』

この電報は政府を驚かしました。……小さいと思った宗教問題が、平等条約を結ぶのにいちばん大きいじゃまになっていたのをはじめて知ったのでした」（72〜73ページ）

このような諸外国からの非難と外圧を受けた日本政府は、ついに1873年2月21日、切支丹禁令の高札を取り去り、3月14日に、各地に流されていた浦上の信者を故郷に帰したのです。こうして信教の自由を与えた日本は、やっと野蛮国の汚名を返上し、諸外国と平等な条約を結ぶことができたのです。

現在、拉致監禁事件を見て見ぬ振りをする日本国家は、世界の真のリーダー国となるために、このような過去の歴史的経緯から、多くのものを学ぶ必要があると言えます。

Q12 反対父母の会が流したデタラメ情報が、国会質疑で取り上げられ問題となったことがあると聞きました。また、有田芳生氏も、根拠のない情報をさまざまに流し続けてきたと聞きましたが、具体的にはどのような情報でしょうか？

A 反対派は、「家庭連合（旧統一教会）ではリンチ殺人が行われている」「行方不明者がいる」「犯罪者になる」など、家庭連合信者の父母らを不安に陥れる、さまざまな風聞を語り続けてきました。

1977年2月、全国原理運動被害者父母の会（反対父母の会）は、「統一教会信者の調査対象者119人中、行方不明32人、死亡3人、異常心理をきたした者49人」などとする情報を発信しました。この情報を真《ま》に受けた父母が、家庭連合の信仰を棄《す》てさせようと反対牧師らと共謀し、脱会説得に積極的に乗り出すようになって、監禁事件が多発してきました。

この「反対父母の会」の情報は、1977年の衆議院予算委員会で、当時の社会党（現、社民党）議員によって、家庭連合攻撃のための質問の資料として用いられました。しかし、この「反対父母の会」の情報は、実にデタラメなものでした。

実は、「反対父母の会」のアンケート要請文には、「子供がなるべく精神病者や栄養失調になるよう回答を作り上げてください」（共産主義と宗教問題研究会編『日本版・収容所列島』善本社、407ページ）と書かれており、家庭連合を貶《おとし》めようとする立場から意図的に情報がわい曲されていたのです。

この情報を用いて国会で質問を行った社会党議員（当時）に対し、家庭連合側は調査結果に該当する個人名を挙げるよう要請しました。しかし具体的に個人名を挙げられたのは、「行方不明32人」中3人、「異常心理49人」中6人だけでした。しかも、該当者として挙げられた人物を追跡調査すると、その情報は〝事実無根〟であったことが判明したのです（同407～413ページ）。

このようなデタラメぶりが明るみにされた後も、なお「反対父母の会」は類似したデタラメ情報を流し続けました。実に悪質です。しかし、その実態を知らない父母の中には、この手の情報に踊らされていく人が多数いたのです。

これらのデタラメ情報によって、どれほど多くの父母が不安におびえ、家庭連合信者を監禁してでも脱会させようとしてきたことでしょうか。

反対派は80年代以降も、父母らを不安に陥れる情報を流し続け、〝家庭連合は怖い〟というイメージを作り上げました。例えば、1987年7月21日、広島大学の教授が学部長室で殺害された事件では、マスコミは「家庭連合犯人説」を流布しました。

有田芳生《よしふ》氏は、同年8月7日号「朝日ジャーナル」で、「広島大オカルト殺人」と題する記事を掲載し、家庭連合の友好団体「原理研究会」と事件を関連付け、「朝日新聞阪神支局襲撃事件とともに、不吉な時代の到来を予告するものでないよう……犯人逮捕が待たれる」と述べています。（ちなみに有田氏は、同年5月の「朝日新聞阪神支局襲撃事件」についても、「週刊文春」97年5月15日号で、赤報隊＝統一教会説を展開し、家庭連合を犯人扱いしています）。

広島大学教授殺害事件は、同年10月2日の犯人逮捕によって家庭連合の〝無実〟が証明されましたが、当初、家庭連合と関連付けて騒ぎながら、犯人逮捕後、家庭連合への謝罪報道は全くありませんでした。そのため、家庭連合に対する悪いイメージだけが残ることとなります。

　同様の報道は、90年代においても継続し、94年2月、反統一教会活動家の卓明煥《タクミョンファン》氏が自宅前で殺害された事件では、「黒幕は統一教会（家庭連合）」という風聞が流されました。犯人逮捕で、家庭連合の無実は証明されていたにもかかわらず、事件に便乗して家庭連合を批判し（「クリスチャン新聞」94年3月6日号）、まるで事件に関与していたかのような扱い方でした。

　また、95年3月のオウム真理教による「地下鉄サリン事件」の際も、オウム真理教と家庭連合とは全く無関係であるにもかかわらず、反統一教会の小野毅弁護士が、「（オウム真理教には）統一教会に入っていた人物がいる……」と事実無根の情報を述べるなど、両者を結びつける悪意の報道をしました。（「週刊現代」95年5月27日号）

　ほかに、世界日報元幹部の副島嘉和氏が84年6月に暴漢に襲われて負傷した事件、２０００年暮れに発生した「世田谷一家殺害事件」も、家庭連合犯行説をまことしやかにささやいているのです（95年1月号「マルコポーロ」有田氏の記事、および02年3月号「新潮45」一橋文哉氏の記事など）。

　このように反対派らは、凶悪事件と家庭連合を結びつける悪意の情報を流し続けることで、〝霊感商法〟報道と相まって、家庭連合の悪いイメージを作り上げていったのです。

Q13

元信者は「家庭連合（旧統一教会）にだまされた」と発言することがありますが、何をもって「だまされた」と言うのでしょうか。家庭連合は本当に人をだましているのでしょうか？

A

元信者が「だまされた」と発言している理由の一つに、教理問題が深く関わっていることを知る必要があります。元信者は反対牧師から脱会説得を受けた結果、家庭連合の教えが信じられなくなり、「だまされた」と発言しているのであって、家庭連合が人をだましているわけではありません。

　反対牧師の反家庭連合の動機には、聖書をどう解釈するかという宗教上の教理問題があります。その最も大きなものは、キリスト教の教えの根幹にある「十字架贖《しょく》罪《ざい》」の問題です。

統一原理では、十字架は本来あるべきではなかったと主張します。神様の願いは、イエスが生きて勝利し、理想家庭、地上天国を築くことであったが、当時のユダヤ教の不信によって十字架で殺害された結果、霊的救いのみで終わったとするのです。反対牧師はこの教えを、「十字架に敵対」（ピリピ3章18節）する〝サタンの教え〟と批判してきました。

キリスト教が十字架にこだわる理由は、救いの根拠を十字架に置くためです。その十字架を取り除けば、救いの根拠が全くなくなってしまうため、家庭連合の存在自体をサタン視するのです。

反対牧師は聖書を用いながら「十字架は絶対予定だ。あなたはだまされている」と家庭連合信者を説得し、脱会を迫ってきました。

従来のキリスト教がどのような観点で十字架の救いを信じているのかを知らないまま、家庭連合と出合い、信仰を持った信者の場合、反対牧師が聖書を用いて行う教理批判に耐えられる人はほとんどいないでしょう。なぜなら、新約聖書を素直な気持ちで読めば、「十字架は絶対予定である」という従来のキリスト教の考え方に影響されてしまうからです。

実際、福音書には、イエス自らが十字架を予告し、その十字架の死は人類を救うためであると述べた聖句が多く記されています。家庭連合の十字架解釈と真っ向から対立すると思われる記述です。反対牧師は、そのような聖句を用いて痛烈な教理批判をぶつけてくるのです。ほとんどの信者は、反対牧師の攻撃をかわし切れず、どう解釈したらいいのか混沌《こんとん》とさせられ、やがて脱会に追い込まれてしまうのです。

こうして、牧師の説得で「私はだまされていた」と判断するようになった元信者は、「家庭連合の背後にサタンがいる」とまで思うようになります。

ところで、キリスト教では19世紀以降、「イエス伝研究」が急速に進み、福音書に書かれたイエスの生涯は、「歴史的事実に則して忠実に書かれたものではなく、ケリュグマ（宣教）のイエス像にほかならない」というのが聖書批評学における常識となっています。

すなわち、十字架が絶対予定であるという記述は〝十字架贖罪〟を明確に述べていく必要性から、イエスに関する伝承を集めた福音書記者が、十字架の後でその出来事を回想し、イエスの受難の生涯を弁証的に論証しながら書き上げた〝事後預言〟にほかならないというのです。そのことを知らない家庭連合信者の場合、反対牧師の巧みな説得によって脱会に追い込まれるケースが多くあり、それが「だまされていた」という発言へとつながっているのです。これは宗教上の教理論争の問題であり、決して家庭連合が人をだまそうとしているのではありません。

しかし、元信者が「だまされた」と発言し、それがマスコミで報道されることで、家庭連合は怖いというイメージと相まって、どんな人をもだましてしまう「マインドコントロール」という特殊手法を用いている、得体の知れない集団であると思われてしまうのです。

この十字架をめぐる教理論争の問題については、太田朝久著『踏みにじられた信教の自由』（231～245ページ）に論じられていますので、参照してください。

Q14 反対派は長年にわたって、家庭連合（旧統一教会）では〝血分け〟を行っていると言って批判してきましたが、真相はどうなのでしょうか？

A 反対派が脱会説得の際に用いる家庭連合への中傷の一つに、いわゆる〝血分け〟があります。1975年に出版された山口浩著『原理運動の素顔』（エール出版社）には、次のように書かれています。

「〝血分け〟の方法は、といえば、教祖に献血してもらうのではない。ヤクザの義兄弟の契りのように血をすすり合うのでもない。教祖サマにセックスをしてもらうことによって〝血分け〟を行なうのである。従って、教祖サマからの血分けは、女性しかできない。その女性から今度は男性が分けてもらう、というように、男↓女↓男と互いちがいに行なうのだ」（144ページ）

ジャーナリストの山口浩氏の説明によれば、家庭連合では〝セックスリレー〟を実践しているというのですが、これは事実無根です。拉致《らち》監禁され、反対牧師の説得で脱会した元信者の中でそのような経験者は一人もいません。（いくつかの非原理集団、例えば禹明植集団などは、禹氏が複数の女性との間で子女をもうけているようですが、それらの集団は〝絶対純潔〟を説く家庭連合とは無関係です）。

日本の信者にそのような経験者がいないと見るや、韓国の古い幹部の36家庭だけが〝血分け〟を実践していたのだと批判する反対派もいます。例えば、1990年

4月に出版された川崎経子《きょうこ》著『統一協会の素顔』には、「最初の3組と33組（36家庭）は、実際に文鮮明の血分けを受けたと指摘されている」（235ページ）と記されています。

ところが、93年10月27日の某テレビ局のワイドショーに、36家庭の元信者、および『血分け』批判の草分け的存在の卓明煥《タクミョンファン》氏が出演した際、司会者の「文教祖との間で血分けはあったのか」との質問に対し、36家庭の元信者は「自分たちには〝血分け〟はなかった」と否定したばかりか、長い間〝血分け〟批判をしてきた卓氏も、「統一教会は教理的にはセックス教理だが、今まで実際には証拠がなかった」と発言しました。

つまり、反対派の「36家庭までは血分けをした」という批判には、何の証拠もなかったのです。（その後、「3家庭だけ」と批判した反対派もいますが、これも事実無根です）。何の根拠もなく批判し続けてきたという事実は、驚くべきことです。これらの批判は、反対派の〝悪意〟から来る風聞に過ぎないものだったのです。

実は、拉致《らち》監禁による強制改宗の手法を生み出した森山諭《さとし》牧師の「血分け」批判のニュースソースは、この卓明煥氏からの情報です。

森山牧師の著書には、「血分け」が断定的に述べられているのですが、その情報の根拠が明示されていません。しかし74年10月12日号「キリスト新聞」を読むと、いわゆる「血分け」の情報提供者が卓氏であることが分かります。森山牧師は、何の証拠もないまま「血分け」を語っていた卓氏の発言を鵜呑《うの》みにし、まるで自分が見てきたかのように「血分け」批判を断定的に行っていたのです。実に無責任です。

名誉毀損《きそん》にも当たりかねない情報を書く場合、その情報が果たして事実かどうかの裏づけを取り、極めて慎重に記載すべきです。ところが、卓氏自身が「証拠はなかった」と平然と言ってのけるところに、この〝血分け〟の中傷の悪質さがあります。

このような、単なる風聞から始まった「血分け」批判を聞かされることで、数多くの信者が、自分では目撃したことも、体験したこともないにもかかわらず、その批判に踊らされて脱会に追い込まれた事実は、あまりにも嘆かわしいことです。

Q15 家庭連合（旧統一教会）側は、〝血分け〟を否定するが、「堕落論で教えているよう

に、堕落の経路がすべてセックスの関係だったなら、これを回復（復帰）するのは逆のセックスの経路が必要だ。だから〝血分け〟を間違いなくしているはず」という反対派の批判を聞きました。どう考えたらいいのでしょうか？

A このような邪推をし、流言飛語しているのは浅見定雄氏です。浅見氏は『統一協会ボディコントロールの恐怖』（かもがわ出版）の中で、天使長ルーシェルをL、エバをE、アダムをA、と表示しながら、家庭連合には「セックスで清め返す」という教えがあるとして、次のように邪推します。

「堕落の経緯がL→E→Aとすべてセックスの関係だったとすれば、これを回復（復帰）するのはこれと逆のセックス経路がどうしても必要なはずである。堕落天使ルーシェルがエバを汚し、そのエバがこんどはアダムを汚したのだとすれば、逆に新しい『無原罪』ルーシェル（L）が『清い』セックスによって人間の女（E）を清め、そうして清まった女がつぎに男（A）を清めればよいのだ。……彼らの論理では、イエスは本当は『第二のルーシェル』でなければならないのだ。そうでないと、最初のルーシェルがセックスで汚した人間の女をセックスで『清め返す』ことはできないからである」（16ページ）

浅見氏の解釈がねじ曲がってしまうのは、浅見氏が『原理講論』をトータル的に把握していないためです。

浅見氏は、堕落論の要点である、①天使長ルーシェルとエバの霊的堕落の問題が、単なる〝性関係〟を結んだというレベルの問題ではなく、夫婦となるべき関係でもないのに〝不倫の関係〟を結んだという「創造原理に反する行為」であった点、②その動機が、神の愛ではなく、「自己中心の愛」であるところに問題があった、という重大な2点を見落としています。これらの重要点を見落とすようでは、堕落論はおろか、統一原理のイロハも分かっていないと断定せざるを得ません。

『原理講論』には、「アブラハムは彼の妻サライと兄妹の立場から、彼女をパロの妻として奪われたが、神がパロを罰したので、再びその妻を取り戻すと同時に、連れていった彼の甥《おい》ロトと多くの財物を携えて、エジプトを出てきた。アブラハムは自分でも知らずに、アダムの家庭の立場を蕩減《とうげん》復帰する象徴的な条件を立てるため

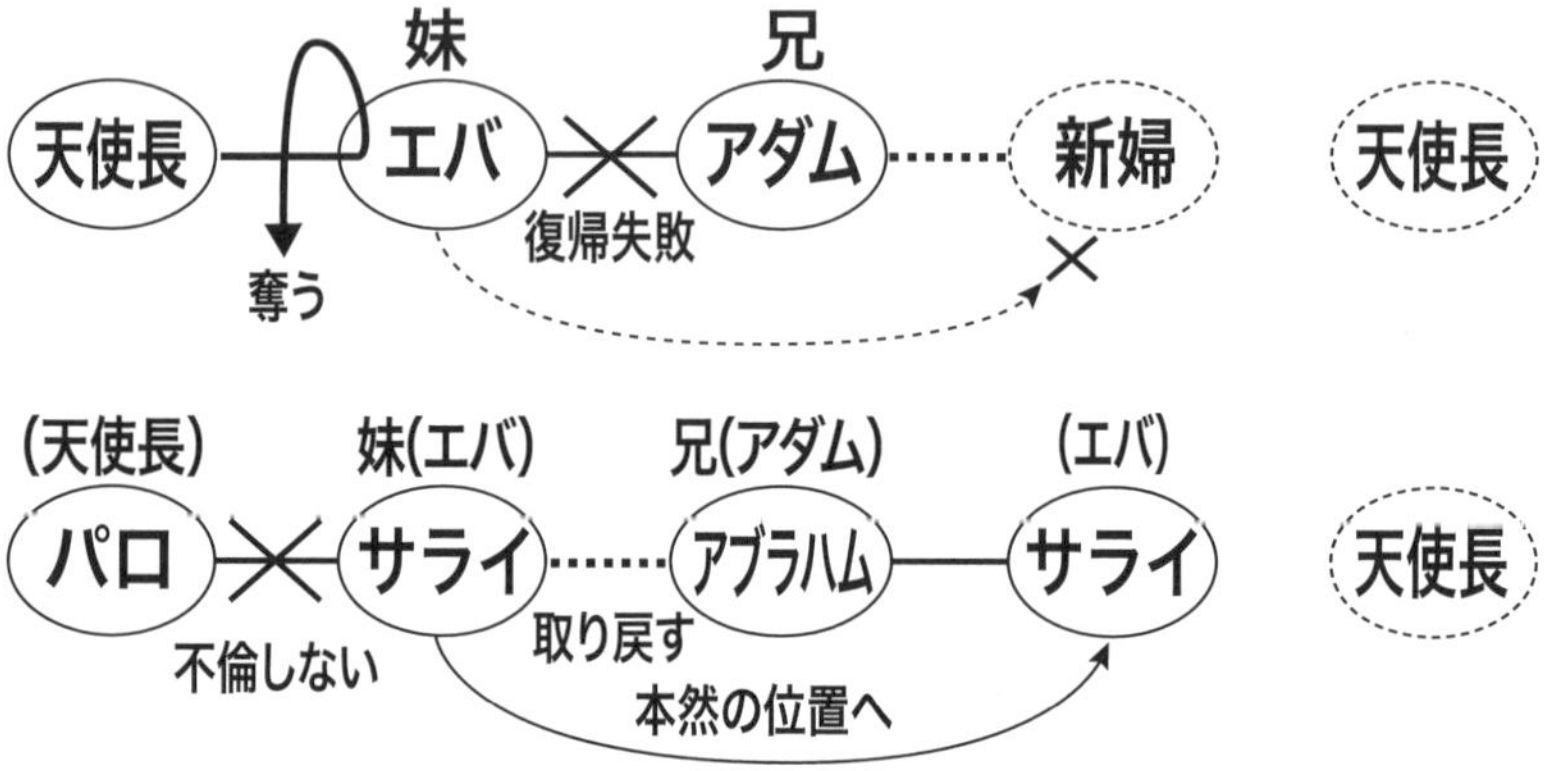

【図】

に、このような摂理路程を歩まなければならなかった」（318ページ）と論じられています。これは創世記12章10節～13章1節の物語を解釈したものです。

　復帰摂理の中心人物アブラハムは、アダムの立場を蕩《とう》減《げん》する人物として、一旦、天使長の立場を象徴するパロに妻サライ（妹）を奪われそうになったのですが、再びサライを取り戻す路程を歩みました。

　これはアダム家庭で起こった堕落の内容を反対の経路で蕩減復帰する路程であったと解説しています。この場合【上図参照】、アダムの立場を蕩減するアブラハムはアダムのままであり、また、天使長の立場のパロも、やはり天使長のままです。その状態で、霊的堕落をするときに夫婦となるべきではない二人（天使長とエバ）が〝不倫の愛〟の関係を結んで堕落したので、①逆にサライ（＝エバ）がパロ（＝天使長）と〝不倫しない〟で、「創造原理の相手」である夫アブラハム（＝アダム）の元に帰ってくること、②サライが夫の生命と自分の貞操を守るために、〝自己中心的な動機〟ではなく、「神を中心とした命懸けの心情」をもって、偽りの愛による「誘惑」の試練を乗り越えることが必要だった、というのです。

　すなわち、堕落が「不倫の問題」だったので、「不倫しない」こと、さらには、堕落が「自己中心の動機」によって引き起こされたので、今度は「神を中心とした動機」に立つことが求められるのです。このように反対の道を歩んだアブラハム路程こそが、まさに復帰の路程であるといえるのです。

　浅見氏が言う、イエスは「第2のルーシェル」だとか、第2のルーシェルであるメシヤがセックスで「清め返す」といった屁理屈《へりくつ》は、家庭連合では全く教えていない、浅見氏の邪推に過ぎません。浅見氏は、家庭連合の教えのイロハさえも分かっていないのに、「家庭連合の教えはこうだ」と断定的に述べているのです。

Q16

文鮮明師が1935年4月17日、イエス様から啓示を受けたというのは作り話である。家庭連合（旧統一教会）の出版物も食い違っており、実にいい加減である」という反対派の批判を聞きました。真相はどうなのでしょうか？

A

聖書を使った教理批判は、結局、どちらの解釈を信じるのかというところに行き着いてしまうため、「それでも、私は統一原理を信じる」と家庭連合信者が突っぱねると、脱会説得に時間がかかり、手こずる場合があります。ところが、「文は〝血分け〟をしている」「嘘《うそ》をついている」など、人格批判で説得していけば、より効果的に脱会させられます。そういうことから、反対牧師が語る、文《ムン》師を不信させるための批判の一つに、いわゆる「イースター問題」があります。

　脱会した山﨑浩子さんは、「その日はイースターではなかった」という反対牧師の説明にショックを受け、文師を不信して、次のように述べています。

「文鮮明師は、一九三五年四月十七日のイースターの時、イエスの霊が現れ、『私のやり残したことをすべて成し遂げてほしい』と啓示を受けた……というふうに私たちは教えられてきた。

しかし、その日はイースターではない。全キリスト教では、春分の日がきて満月の夜があって、そこから初めての日曜日をイースターとしている。その年の四月十七日は日曜日ではなかった。

　反対派がそれを指摘すると、それは統一教会が決めたイースターなのだという。まだ統一教会など形も何もなかった時代に、統一教会がイースターを決めるのも変な話だ。それ以来、統一教会では毎年四月十七日をイースターとしているらしい。また、最近の講義においては、〝イースターの時〟という補足は削除されているようだ」（『愛が偽りに終わるとき』１９５～１９６ページ）

確かに、山﨑浩子さんが言うように、35年4月17日は日曜日ではなく、受難週の水曜日に当たっています（注：35年のイースターは4月21日）。しかし、その日が、現在のキリスト教で祝うイースターではないからといって、文師《ムン》が嘘《うそ》をついているということにはなりません。

78年10月14日に韓国で出版された『統一教会史』（成和社）では、次のように述べられています。

「先生が（数えで）16歳になられた年の復活節、（35年）4月17日のことであった。この日が本当の復活節であるということも、このとき先生は初めてお分かりになった。それは霊的にイエス様に会われたなかで、初めてあかされたからである。今日、一般のキリスト教で守っている復活節（イースター）記念日は年ごとに異なっている。それはイエス様が亡くなられた日が分からず、復活日も調べようがなく、西暦３２５年、ニケア公会議において『春分後、初めて迎える満月直後の日曜日を復活節として守ろう』と規定したためであった」

つまり、キリスト教自体、イースターがいつなのか分からず、明確でない時代がしばらくあって、ＡＤ３２５年の会議によって決めたのが、現在、キリスト教で祝われているイースターだというのです。ゆえに、キリスト教で祝っているイースターが、正確なイエスの復活日かどうかはハッキリしないのです。

文師はイエスから「4月17日が本当のイースターである」と知らされたのです。その内容が日本に正確に伝わらなかったために、「イースター問題」となったのです。

家庭連合関係のいろいろな出版物を調べてみると、反対派がその矛盾をあげつらって指摘しているとおり、出版物相互間で大小さまざまな食い違いがありました。このような食い違いが生じたのは、啓示に関する情報が日本に伝わる際、断片的に伝えられたり、あるいは勘違いして受け取ったり、さらには、韓国と日本の風習の違いの問題が絡んでいたりしたからです。

例えば、「文師が16歳のとき啓示を受けられた」と伝え聞いた人が、韓国社会では、通常〝数え〟で年齢を数えていることに無知であった場合、単純に生年の１９２０年に16を足して「１９３６年」としてしまったり、あるいは「文師が啓示を受けた4月17日こそ、本当のイースターだった」という内容が微妙に変化して、「文師は4月17日のイースターに、啓示を受けた」と伝聞されてしまったり、という具合にです。

このようにして、情報に食い違いが生じてしまったのです。その情報の食い違いを反対派があげつらい、監禁現場での脱会説得材料の一つに利用（悪用？）するようになったのが、このイースター問題の真相です。

初代教会時代にも、福音書をはじめ新約諸文書間に矛盾があり（注：４つの福音書間にも矛盾がある）、それをユダヤ教側が「キリスト教諸文書は自己矛盾している」と批判しましたが、反対牧師の行為はそれと同じだと言えます。

Q17

「文鮮明師が、朴正華氏を背負って海を渡っているという写真は、別人で、人違いである。美談を作ってまで人をだますような人物が、再臨主であるはずがない」という反対派の批判を聞きました。真相はどうなのでしょうか？

A

反対牧師が脱会説得に使用する資料の一つに、文《ムン》鮮明《ソンミョン》師が朴正華《パクチョンファ》氏を背負って海を渡っておられると信じられていた写真（次ページ）があります。朴氏は、文師が北朝鮮の興南《フンナム》監獄（徳里特別労務者収容所）で苦役されているとき、夢に現れた老人の導きもあって、文師を再臨主と信じ、弟子になった人です。

１９５０年10月14日、文師は国連軍による爆撃で解放され、平壌《ピョンヤン》の弟子の元を訪ねられます。その頃、朴氏は足を骨折しており、平壌市内に避難命令が出されたとき、足手まといになるとして家族から置き去りにされていました。そんな朴氏を、文師は見捨てずに救い出されたのです。

同年12月、文師は、足の不自由な朴氏を自転車に乗せ、金元弼《キムウォンピル》氏と共に釜山を目指して南下しました。その途中、龍媒島《ヨンメド》という島から仁川《インチョン》に直行する船が出ていることを知って、朴氏を背負って浅瀬になった海を渡られたのでした。

反対牧師が批判する写真は、もともと韓国の「中央日報」に連載された李承晩《イスンマン》大統領夫人の回顧録に出ていたもので、その写真は朴氏を背負って海を渡られる文師を彷彿《ほうふつ》させるものでした（「中央日報」83年10月24日）。

84年5月9日、来日した朴正華氏が、東京の本部教会で「この写真は私と文先生です」と証言し、その後、名古屋、宝塚、九州などを巡回しました。当事者の証言であったことから、当然、多くの人々は全く疑うことなく、それを「文《ムン》師と朴《パク》氏の写真」として受け入れました。しかし、その後、写真は文師と朴氏でないことが判明したのです。

写真が見つかり、朴氏が来日した84年当時は、文師がアメリカの裁判でダンベリーへの収監が確定されるかどうかの時期であり、文師の次男である文興進《ムンフンヂン》氏が交通事故で亡くなってから数カ月後という時でした。この写真の発見が、どれほど家庭連合信者を慰め、励ましたことでしょうか。そのため、瞬く間に、その朗報が家庭連合全体に伝わったのです。

発見当初、文師と信じられた写真。
その後、誤りと判明した。

反対牧師は、監禁場所で、その写真を家庭連合信者に見せながら、「これは文鮮明ではない。文は嘘《うそ》をついている」と批判します。しかし、これは文師が嘘をついたのでも、家庭連合がだまそうとしたのでもありません。写真の雰囲気があまりにも似ていたこと、および当事者の証言もあったため、そう信じられるようになったのです。

たとえ、この写真が文師と朴氏でなかったとしても、文師が足の不自由な朴氏を見捨てずに南下された事実が否定されるわけではありません。足を骨折していた朴氏が、南にたどり着いたのは事実です。

ところで、イエスの遺体を包んだとされるイタリアのトリノの聖骸布《せいがいふ》も、その真贋《しんがん》のほどが取り沙汰され、ある人は「偽物だ」と批判します。しかし、万一、聖骸布が偽物であったとしても、それでイエスが十字架で亡くなった事実そのものが否定されるわけではないのです。この写真の問題は、それと同じであると言えるでしょう。

Q18 「『原理講論』の聖句引用はデタラメである。このようなものが、真理であるはずがない」という反対派の批判を聞きました。この問題について、どう考えたら良いのでしょうか？

A 『原理講論』に一部、不適切と思える聖句引用があることは事実です。しかし、これは「表現上の完成度レベル」の問題であって、統一原理の内容をより分かりやすく説明しようとする意図から引用した聖句が、ふさわしくなかったというもので、統一原理の理論そのものが間違っているというのではありません。

実は、ユダヤ教側から追及されざるを得ない「旧約聖書」からの聖句の引用問題が「新約聖書」にもあり、基盤のなかった草創期の初代教会の人たちは、当時、圧倒的な基盤を誇っていたユダヤ教徒らから、「あまりにもいいかげんな聖書の引用、ねじ曲げ……」と非難されざるを得なかった状況にあったことを知らなければなりません。

この新約聖書が抱えている「聖句の引用問題」について、出村彰・宮谷宣史編『聖書解釈の歴史』（日本基督教団出版局）で、橋本滋男氏（同志社大学神学部教授）は次のように述べています。

「福音書における旧約句の利用は、上述のようにユダヤ教と共通する解釈が意識的な検討なしに採り入れられており、しかもそれらは伝承の諸段階で一貫していたわけでもない。また旧約引用の基本的目的は、イエスの事件が人間にとって決定的な救済の事件であり、旧約の言葉の成就であることを示すところにあるが、それはあくまでもイエスを救い主と信じる信仰を前提にし、その立場からなされる旧約解釈であって、逆に旧約を深く読めば自《おの》ずとキリスト教信仰に到達するというのではない。したがってケリュグマの正当性を弁証するための旧約引用であるにもかかわらず、具体的には矛盾や問題を孕《はら》む箇所が見い出されるのである」（67ページ）

さらに、橋本滋男氏は、『新共同訳・新約聖書注解Ⅰ』（日本基督教団出版局）の「マタイ伝注解」でも、次のように述べています。

「彼（マタイ伝記者）は自らの神学の根拠づけのために旧約を利用しながらもそれに拘束されず、適当に変更を加えている。つまり彼においていわば旧約聖書はキリスト論のための道具と化している。こんなふうでは果たしてユダヤ教徒を説得できるのか問題が残るであろう。実際ユダヤ教徒はキリスト教の側が旧約聖書を適当に利用し、不正確な旧約本文でユダヤ教を攻撃することを長く嘆くことになり、後に旧約聖書のギリシア語新改訳（アクィラ訳/Aquila）を作ることになる」（37～38ページ）

このように、現在、反対牧師が『原理講論』を批判するのと同様に、新約聖書に引用された旧約聖書からの引用も、ユダヤ教徒から見れば「あまりにもいいかげんな聖書の引用、ねじ曲げ……」と批判される内容だったのです。

結局、反対牧師たちは、自分たちの正典である新約聖書に含まれている同様の問題点はひた隠しにしたまま、家庭連合信者を脱会に追い込むために、『原理講論』の聖句の引用問題などを粗探しし、脱会説得のために利用（悪用？）しているのです。

Q19 「真理は不変である。ところが、『原理講論』は削除や付加、書き替えをして、変化している。このようなものが、真理であるはずがない」という反対派の批判を聞きました。どのように考えたら良いのでしょうか？

A 反対牧師は、『原理講論』に対し、「韓国語の原典にはあるのに、日本語訳で削除した部分があり、改訂版では修正した所もある。真理は永遠不変なのに、変更すること自体、『原理講論』が真理ではない証拠である」と批判します。

確かに、一時期『原理講論』にカットされた箇所があったのは事実です。しかし、それは宣教上の配慮からであり、また、再臨論には、類似した聖句引用箇所があったため、いわゆる「目飛び現象」（注：同じページに、同じ聖句が引用されていたため、同じ聖句と聖句の間の文章が翻訳されていなかった）による欠落部分がありました。

さらに、翻訳の未熟さから引き起こされた問題も含まれています。例えば、日本語版『原理講論』23ページで、韓国語版では「一つの目的」とあるのが「神の目的」に誤訳される、といったようにです。

実は、類似した問題が、新約聖書の成立過程にもありました。ゆえに、それをもって家庭連合が不誠実であり、『原理講論』が真理ではないと言うなら、キリスト教も不誠実な宗教であり、新約聖書は真理ではないとの批判が、同様に成り立つことでしょう。

実際、キリスト教の正典である「新約聖書」の編纂《へんさん》過程を調べると、『原理講論』と同じ事情が、そこに横たわっている歴史的経緯があります。

新約聖書の原典は、もともとギリシャ語ですが、ラテン語に翻訳された聖書は、既に4世紀の時点で、写本ごとに食い違っていると言われるほど混乱しており、ついにAD381年、教皇ダマスス一世が、ヒエロニムス（347～419年）にラテン語聖書の校訂を命じざるを得なかったほどでした。

また、原典であるギリシャ語聖書そのものも大変混乱しており、現代においてさえ、真の原典を復元するための努力として「本文批評《ほんもんひひょう》」が研究され続けています。その最新の研究成果に基づいて出版されるネストレ＝アーラントのギリシャ語聖書は、いまや28版を重ねています。その新約聖書には、数多くの写本の〝異読〟が、欄外の註《ちゅう》（脚注）として記載されています。それを見れば、ギリシャ語原典の写本がいかに乱れていたのかがよく分かります。

また、新約聖書で、宣教上の配慮から一時期、削除されたと考えられる箇所として、ヨハネによる福音書8章の「姦淫《かんいん》の女」の話があります。

さらに、マタイによる福音書では、14章3節「ヘロデは先に、自分の兄弟ピリポの妻ヘロデヤのことで」の〝ピリポ〟という名前が間違っているため、5世紀頃の後期筆記者（ベザ写本）は、その名を削除したりしているのです。

このように、聖書それ自体が、いろいろな諸事情を抱えながら、今日まで伝えられてきたのです。すなわち、書き換え、書き足し、あるいは削除といったことまで行われ、時代や環境とともに変遷してきているのです。反対牧師は、そのような事実については、家庭連合信者に伝えようとしません。

山﨑浩子さんを脱会説得する際に、『原理講論』を批判した反対牧師は、「真理とは、ぐらぐらしない、動かないものという意味ですね」と定義し、ぐらぐらし、動いている『原理講論』は真理ではない、と批判しているのですが、その観点から言えば、「聖書も真理ではない」ということになってしまいます。

キリスト教は、聖書を〝神の啓示〟と信じてきました。特にプロテスタント教会では、聖書の文字そのものを〝真理〟と同一視する傾向性を持っています。ところが、

19世紀以降、聖書批評学が急速に進展して、聖書の中に相互矛盾や記述ミス等が含まれていることが指摘されるようになり、イエスが語ったとされる言葉にさえ、誤りが含まれていることが明るみになってきました。そして、この聖書批評学の進展によって、「聖書は間違っていた」「真理ではなかった」として、信仰を失うクリスチャンが出てくるようになりました。

このようなことを知っている反対牧師は、言わば、同様の手口で家庭連合信者の信仰に揺さぶりを掛けて、「『原理講論』は間違い」「真理ではない」として、信仰の破壊工作をしているのです。そうして、このような脱会説得によって信仰を失った家庭連合信者は、家庭連合を激しく憎悪するようになり、裁判闘争までするようになっていくのです。

家庭連合信者を棄教に追い込もうとして、聖書の問題点は棚に上げながら、家庭連合批判に躍起になる反対牧師には、悪意があるとしか言いようがなく、不誠実さを感じざるを得ません。

Q20 棄教目的で親族が行っている拉致監禁事件を、今なお取り締まろうとしない日本は、「信教の自由」が確立されていない国家であると言えますが、欧米諸国において、「信教の自由」が確立していった歴史的背景について教えてください。

A 「信教の自由」が人類史上、初めて成文化されたのが1791年11月3日、アメリカで制定された「憲法修正第一条」でした。この憲法修正第一条は、信教の自由を語る上で絶対に欠かせないものです。

「憲法修正第一条」は、国家と教会の分離を規定しており、それを簡潔に言えば、少数派の権利を守るために、①国家は特定の宗教を公認してはならない（注：もし特定の宗教だけを公認すれば、非公認の宗教は弾圧の対象となり得る）、②国家は、宗教上の礼拝、言論や出版の自由などを禁じたり、人民が平穏に集会する権利を侵害したりする法律を定めてはならない、とするものです。

この「憲法修正第一条」が制定されるようになった背景には、思想・言論・結社などの自由をめぐって、カトリック教会、イギリス国教会、プロテスタント教会が互いに排斥、弾圧し合い、場合によっては、親族間で信仰問題をめぐって争い合うという悲劇が起こったからでした。そのような歴史的悲劇を、二度と繰り返してはならないという深い反省がその動機にあるのです。

例えば、ピューリタン（清教徒）が胎動し始めた16～17世紀のイギリスでは、「首長令」を出したヘンリー8世以降、王位継承権争いに信仰問題が関わり、王室内で王族らを中心に、カトリックか、プロテスタントか、あるいは中道（国教会）か、をめぐって各陣営が火花を散らす争いをしました。特にメアリ一世（1553～58在位）の治下で起こった、プロテスタント指導者らに対する「スミスフィールドの虐殺」は、凄惨《せいさん》な事件でした。

また、ヨーロッパ大陸に目を向けると、ドイツでは、カトリックとプロテスタントによる「三十年戦争」で多数の国民が犠牲となり、人口は約1600万から600万人にまで減少しました（ウィリストン・ウォーカー著『キリスト教史③宗教改革』ヨルダン社、202ページ）。フランスでは、ユグノー（カルヴァン主義者）を弾圧する「ユグノー戦争」で国土が荒廃、特に1572年8月の「聖バルトロマイ祭日の虐殺」では、約1万人が虐殺されたと言われます。

正統異端論争に伴った宗教弾圧によって行き場を失った人々は、信教の自由を求め、スイスやオランダ、イギリスなどに亡命しました。しかし、その地も、彼らにとって安住の地ではありませんでした。やがて、それらの人々の中から新大陸アメリカへ移住し始めるグループが現れるのです。

その代表者が、メイフラワー号に乗ったピルグリムファーザーズたちです。それ以外にも、続々とヨーロッパ各地から、信教の自由を求めてアメリカに渡った集団がありました。彼らは多種多様で、カトリックから弾圧されたプロテスタント以外に、逆にプロテスタントから弾圧されたカトリック教徒も含まれます。さらにはメソジスト派、バプテスト派、クェーカー派、メノー派、そしてユダヤ教徒など、さまざまな宗派の人が移住し、アメリカは宗教のるつぼと化していきました。

ところが、信教の自由を求めてアメリカに移住した彼らであったにもかかわらず、そのアメリカの地で、またもや悲しむべき事件が起こりました。それが17世紀の「セイラムの魔女狩り」です。最も激しかった1692年には、わずか3カ月間で20名の人間と2匹の犬が、魔女として処刑されたのです（曽根暁彦著『アメリカ教会史』日本基督教団出版局、69ページ）。

真の愛によってお互いが信頼し、尊重し合えれば良いのですが、教理面だけを先立たせてしまえば、やがて醜い宗教間の争いとなって、異端審問、魔女狩りとなってしまうのです。それゆえ、たとえ親族間であったとしても、思想、信教の違いによって争い合うことがないよう、少数派の権利を守るために定められたのが「憲法修正第一条」であったというわけです。

イエスが、「今から後は、一家の内で五人が相分《あいわか》れて、三人はふたりに、ふたりは三人に対立し、また父は子に、子は父に、母は娘に、娘は母に、しゅうとめは嫁に、嫁はしゅうとめに、対立するであろう」（ルカによる福音書12章52〜53節）と語られているように、キリスト教信仰においては、その可否をめぐって親族間でさえも争いや対立が起こり得るものです。

私たちは、過去の歴史を学んで、同じような悲劇が二度と繰り返されることがないように、たとえ親族間であっても、棄教目的で拉致《らち》監禁するのは許されざる行為である点を明確にし、一刻も早く善処すべきであると言えます。

牧師らの教唆により親族が拉致監禁を行うなど、特に欧米諸国は、日本があまりにも野蛮な国であると認識することでしょう。

４３００件を超える拉致監禁事件の被害者がいるにもかかわらず、いまだに見て見ぬふりをする日本国家は、国際社会のリーダー国の一員としての資質を、大きな疑念を持って見られていくに違いありません。

第二章

痛哭《つうこく》と絶望を超えて

序

2000年1月12日、新潟県柏崎市のS宅で、毛布にくるまった一人の女性（当時19歳）が保護されました。この女性は、小学校4年生の時の1990年11月13日の下校途中に拉致《らち》監禁され、犯人の自宅に連れ込まれていました。女性は、実に9年2カ月ぶりに家族と再会できたのです。この事件が発覚した時は、新聞やテレビがセンセーショナルに報じたので、記憶されている人も多いことでしょう。犯人のSには、懲役14年の刑が言い渡されています。

この女性の恐怖と絶望は、いかばかりだったでしょうか。また、解放された後もなお、リハビリの道は厳しいものになると想像しますが、家庭連合（旧統一教会）信者で拉致監禁をされた経験を持つMさんは、自身のホームページで新潟事件に言及し、こう語っています。

〈新潟の監禁事件は「いつか親が助けに来てくれる」。そういった希望が（監禁中に）あっただけ（まだ）よかったと、羨ましくなり涙が溢《あふ》れてくる。自分の監禁時のことを思い出すと監禁したのが親であり、兄弟も親戚もそれを容認していた。当然警察も助けてなどくれない。

一生ここから出られないという絶望感だけがあった〉

（米本和広著『我らの不快な隣人』情報センター出版局、120ページ）

拉致監禁の悲惨さは、ここにあります。Mさんは、監禁から解放されて十数年たっても、依然として後遺症に苦しみ、薬を飲んでいます。

また、このMさんとは別に、拉致監禁された家庭連合信者のPTSD（心的外傷後ストレス障害）の治療に当たった医師は、「臨床精神医学」2000年10月号で、被害者の「家族のしたことは忘れられません。親から籍を抜きたいと思います」という言葉を紹介しました。事件から随分と時間が経過した後も、親に対して、〝決して許せない〟という感情を抱いているといいます。

親の存在なくして、私たちはこの世に存在できません。この親子の愛情の絆《きずな》をズタズタに切断させてしまうのが拉致監禁です。ほとんどの拉致監禁被害者は、その後、親との関係修復に苦悩しています。

本章では、家庭連合信者に対する拉致監禁、強制棄教事件の被害に遭われた方々の証言を取り上げます。これを通して、反対派が「救出」や「保護」と称する行為が、いかに被害者の人生に消えることのない深刻な傷跡を残してきたかを見ていきます。

警察庁長官に訴えるも届かず
夫と、当時1歳半の長女を拉致され、家族が引き裂かれたTさんの苦悩

平成11年（1999年）11月13日、都内に住むSさん（当時32歳）が当時1歳半の長女と一緒に、埼玉県の実家に日帰りの予定で帰ったが、その後、半年たっても彼は自宅に戻るどころか、妻のTさんに電話一つかけてこなかった。

Sさんの「失踪」に、夫の実家が関与していることははっきりしている。Sさんの両親は、Sさん夫婦が家庭連合（旧統一教会）の国際合同祝福式に参加し、結婚したことに強く反対していた。妻は婚約中、実家の敷居をまたぐことさえ許してもらえなかった。長女が生まれたことで、両親の態度は幾分和らいだが、それでも実家には上げてもらえなかったという。

平成11年10月半ば。Sさんが実家に、教会が発行した冊子を送ったところ、母親から電話が入った。「小冊子を見たが、分からないところがある。今度、家に来て直接説明してくれないか」

少しでも両親の理解を得たいと考えていたSさんは、11月13日に行くと告げ、実際に実家に向かったのである。

その夜、夫が帰宅しないので、妻のTさんは何度も埼玉の実家に電話を入れた。だが、誰も受話器を取らない。妊娠中で体がきつかったため、知人に頼み、車で実家まで乗せてもらった。前日は「家族全員がそろう」と言っていたのに、家の雨戸まで締め切られていた。その日の夕刊も、ポストに入れられたままだった。

深夜、夫の父親から電話が入った。「（Sと）話し合いの場を持っている」と言う。

Tさんは、夫の手帳に11月14日以降の仕事の予定が既に書かれていることを指摘し、「話し合いは、夫が承知していたものではない」と反論する。

Tさんはすぐに動いた。15日には警察署を訪ね、夫と娘の「捜索願」を出した。職場にも連絡を入れ、何か動きがあれば教えてほしいと頼んだ。夫の父親にも、内容

証明郵便を送付した。

「自分は妊娠6カ月で夫の助けなしで生活することは困難です。夫はストレスに弱く、神経が細かいため時折胸の痛みを訴え通院していた経緯もあり、こうした症状が再発する虞《おそれ》があります。娘は風邪をひき病院に通っています。一刻も早く、夫と娘を解放するように要請します」

夫と娘の衣類や薬、ぬいぐるみなどを実家に送った。実家にいつの間にか付けられた留守番電話に、メッセージを吹き込んだ。「夫と娘を早く返してください!」

失踪から2週間後、義父から「この話し合いは簡単には終わらない」という速達が届く。どこにいて、いつ帰れるのか。Tさんが知りたいことは何も書かれていなかった。

その頃のTさんの精神状態は、どんなものだったのだろうか。

「言葉では言えない、言葉にはならないものだった」とTさん。電車に乗ると、この電車で夫と娘が実家に帰ったのか、と思いが湧き、自然に涙があふれた。長女のことを思い出してしまうので、小さな子供の姿を見ることさえできなかった。


夫と娘が拉致《らち》されて40日が過ぎた。街はクリスマスのにぎやかなムードに満ちていた。しかし、Tさんの心は沈んでいて、手紙を書けば、それはいつの間にか〝遺書〟になってしまった。

今も破らずに残している手紙がある。

夫に宛てた手紙。「Sさんと娘のいない生活なんて考えられません。もう耐えられません。これ以上生きていたらあなたのご両親を恨まなくてはなりません。だから……私の存在がなくなればSさんの責任も軽くなるし、ごめんなさい。

家の中にいればどこを見まわしてもSさんと娘の影があって苦しくて涙が止まりません。娘が大きくなって物事がいろいろわかるようになったら、私のこと話してあげてください。

Sさん、愛しています。でも、ごめんなさい。体に気をつけて生きてくださいね。あなたともっと一緒にいたかった……でもそれができないのなら……短い間でもあなたの妻でいられたこと幸福に思います」

娘に書いた手紙。「ごめんね、本当はあなたの成長を見届けたかった、あなたの産声を聞いた時、感動で涙があふれたことを昨日のことのように覚えています。首がすわり、ハイハイをし、つかまり立ちができ、初めて歩いたあなたの姿は本当に可愛《かわい》くて言葉に表すことのできないものでした。

　保育園でもいろいろな先生に愛され、おかあさんの自慢でした。迎えに行くと飛んで来ておかあさんと一緒に階段を下りました。あなたの手のぬくもりを今でも覚えています。でもまさか、あなたのおじいちゃん、おばあちゃんの手によって引き離されるとは思ってもみませんでした。

　おかあさんは、お父さんやあなたなしではとても生きていけません。頑張ってきたけれどももう限界です。おかあさんを許してね。もっともっとあなたをいろいろな所に連れていってあげたかった、いろいろな話をしてあげたかった。（略）どうかお母さんの分まで力強く生きてください。そして、お父さんを支えてあげてください。あなたに出会えて幸せでした。どうもありがとう」

　何度も、「死」を決意しながらも実行しなかったのは、Tさんのおなかに宿っていた小さな生命のためだった。

「〝私は生きているんだ〟という元気なメッセージを送ってくれたので、辛うじて踏みとどまることができました」


　Tさんは平成12年（2000年）に入って、浦和地裁に夫の両親に対して娘を引き渡すように求める仮処分申請を申し立てたが、相手方が裁判所に現れなかった。田中警察庁長官（当時）宛てに上申書を送ったりもしたが、事態の進展を見ることはできなかった。

　それでも長女との生活が諦められず、Sさんの両親に対して婚姻妨害と長女に対する親権侵害で、損害賠償を求める民事裁判を東京地裁で起こした。夫は最初、仮処分申請時と同様に姿を見せなかった。だが、再度申請すると、平成12年8月頃、弁護士の山口広氏と共に2人で東京地裁に現れた。夫の失踪後に顔を合わせたのは、この時が初めてだった。

　ただ、夫のSさんの様子は変だった。明らかに山口氏を意識した行動を取るときもあった。裁判所の一室で2人きりの話し合いをしていると、小さい声でも十分に聞こえる場所であるにもかかわらず、外にいる山口氏に聞こえるように、怒鳴るような大声で迫ってくることがあった。

　さらに、話が二転三転して、前回会った時とは違う内容になることもしばしばだった。ちょっとした質問でもすぐには答えを出さず、その次に会う時までに弁護士らと話し合ったと思われる節も見受けられた。

また、Sさんが献金した分を返金するよう家庭連合に求めてきたときも、山口氏の影を感じた。返金の振り込みを指定した口座が、山口氏の弁護士事務所の口座だったのだ。

やがて、強制棄教させられたSさんから離婚の申し出があり、Tさんは異議を唱えたが、認められなかった。月に1回の相互面会だけは取り付け、SさんとTさん、長女、次女が会う時間は持てた。しかし、相手は法律のプロである弁護士。Tさんは、全くの素人である。

Tさんが一番失敗したと思ったことは、調停で取り決められた文面の中に、相互面会は「子供の成長に配慮して」という言葉が入れられていた点だ。

面会中のある時、長女が誰かに言わされているような様子で、「会いたくない」と言ってきた。この一言を相手方が盾に取って、「面会は、子供の成長の妨げになる」として、長女とは会えなくなってしまったのである。

夫の突然の失踪から10年の歳月が流れた（2009年時点）。

夫と長女がいない失意の中で出産した次女は9歳。人見知りが激しかった。小学1年から、家庭連合の合唱団である鮮鶴《ソナク》合唱団に入った。通っていた音楽教室の初めての発表会では、母親から離れず、舞台のピアノの陰に母子で並んだほどだった。それが今では、人前でも堂々と歌う。子供が鮮鶴合唱団に所属して、神性に満ちた美しい表情で発する清らかな歌声を聞くとき、Tさんは言い知れぬ感動に満たされる。

だから、「この子が成長し、祝福を受けてもらえるよう頑張らねば」と自分を励ますTさん。母子家庭ゆえに、経済的に楽ではない。だが、彼女の悲しみは別にある。

「どんな時がつらいですか」と問うと、Tさんはこう答えた。

「いつの時もつらいです。子供にとって生まれた、いえ、生まれる前から父親はそばにいないので、家の中に父親がいないことに違和感はないようです。また、それがつらいです。

先日、教会に向かう途中『お母さん、赤ちゃんがほしいね。弟が欲しいよ。産んで！』と言われ、答えに困ってしまいました。これから、いろいろなことが分かってくるに従って、どのように伝えるべきか悩みます」

Tさんは今も、夫の姓で通している。

「いつの日か、彼と長女が帰ってくると信じているからです。引き裂かれた家族が再び、一緒に過ごす日が来ることが私の夢であり、希望なのです」（Tさん）

残された心の傷

S・T（女性）

私は1992年8月25日、韓国・ソウルで挙行された「3万双国際合同祝福結婚式」で結婚し、その後、家庭を持ちました。現在（2009年）、3人の子供がいます。

私は2006年8月、鬱《うつ》病になりました。子育ても家事もできなくなり、真っ暗なトンネルに入ったような心境を味わいました。「この思いは……どこかで味わったことがある……」。そして、13年前に体験した拉致《らち》監禁を思い出したのです。

私は、忘れようとしてきた過去にようやく向き合い始めました。そして、そのことを通して、拉致監禁を体験した私だけでなく、当時婚約者であった主人も大きな心の傷を受けていたことが見えてきたのです。私の体験を報告します。

監禁開始

1993年12月23日、私は家族から散髪を頼まれ、実家に帰った時に拉致されました。拉致された後、私は京都のマンションに69日間監禁され、さらに、日本イエス・キリスト教団・京都聖徒教会内に軟禁されてから38日目に、何とか逃げることができました。

両親は、最初親族の紹介で、八尾ルーテル教会に相談に行き、そこで聖書の勉強を勧められ、洗礼を受けたそうです。両親は、その八尾ルーテル教会で京都聖徒教会の船田武雄牧師を紹介されたのです。船田牧師の「相談会」に参加するようになった両親は、そこで船田牧師から指導を受け、拉致監禁を計画するようになったといいます。

また、母の従兄弟《いとこ》で、日本基督教団に所属し、当時、台湾宣教師であった二ノ宮一朗氏も、京都のマンションの中に2週間ほど一緒にいました。

拉致された日のことです。家族の散髪を終えて帰ろうとすると、両親が「駅まで送るから」と言って、一緒に家を出ました。ところが、数分歩いた路上で、私は突然、サングラスをかけた数人の男女に取り囲まれたのです。

突然のことで何が起こったのか分からず、私は恐怖心で大声を上げ、助けを求めました。しかし、どうすることもできず、そのまま強引に、車に押し込められてしまったのです。

私が押し込まれた車の前には、別の車が1台ありました。さらに後ろにも1台停《と》まっていて、彼らはトランシーバーで連絡を取り合いながら走り出しました。見ると、私が乗せられた車の運転席には、親戚の叔父、助手席には父がいたのです。妹と母が、私の腕をしっかり握っていました。

そのまま、京都のマンションまで連れていかれました。車から降りても、私が逃げないように、家族は私の腕をしっかりつかみ、エレベーターの中では、何階で降りるのかさえ見せてくれませんでした。私をマンションの一室に入れると、親は玄関ドアに鍵とチェーンを掛け、そのチェーンに、さらに南京錠《なんきん》を掛けて、私の靴もどこかに隠してしまいました。

私は、家族がこのようなことをしたことにショックを受け、あまりの悔しさで、正常な気持ちでいることができませんでした。

こうして、私の監禁生活が始まったのでした。

監禁されたマンションの中で

パニックになっている私に対し、両親は「T、すまん。これしか方法がなかったんや」と何度も言いました。私は、「こんなことして良心が痛むでしょう!」と言いました。

部屋は、厳重に鍵が掛けられており、トイレに行くときも父が見張っていました。

無理矢理連れてこられた時のショックは、体が覚えており、異常なほどの恐怖を感じました。寝るときにも私が逃げないよう、家族が常時見張っていましたので、強い精神的圧迫を受け、苦痛を感じる日々が始まりました。

両親は、「話し合いをしたい」「統一教会(家庭連合)のことを知りたい」「統一教会に詳しい牧師の話を聞いてほしい」などと言って、私に詰め寄ってきました。しかし、いくら話をしても、平行線でした。

結局、「話し合い」というのは建前であり、何が何でも家庭連合の信仰を棄《す》てさせようとする一方的な手段であることは明白でした。私は「とにかく逃げるしかない」と思い、3日目の明け方4時頃、ベランダの窓の鍵を開けて外に出ました。見ると、そこは8階でした。下に降りることもできないので、やむを得ず、私は2軒先の家まで塀を飛び越えて渡り、朝、その家の人が起きてきたら助けてもらおうと思いました。

ところが、その場面を両親に見つかってしまって、どうすることもできず、部屋に戻りました。

それから数日後、元信者の女性や、船田牧師が訪ねてくるようになりました。最初は、家庭連合関係の本をたくさん持ってきて、『原理講論』の間違いなどを話して帰りました。

私は一体どうすればいいのか分からず、神様にただ祈るばかりでした。一方的に批判を聞かされる私は、端的に言えば、笑えばいいのか？　泣けばいいのか？　また、親の前で、牧師の前で、反論してもいいのか？　彼らにどのように接すればいいのかさえも分からず、ずっと悩んでいました。なぜならば、私が何を言っても、彼らはそれを受け入れてくれなかったからです。特に、船田牧師はそうでした。船田牧師は、家庭連合の信仰を持つ人に対して、「狂った者」「きちがい」としか思っていませんでした。

そんな日々を過ごしていたある日、母のレポート用紙の中から、今回の監禁に当たっての綿密な計画が書いてある紙を見つけました。そこには、私をどのようにマンションに連れていくのか、マンションの中での生活内容、注意事項、親が取るべき姿勢、お風呂には2人で入ることなど、細かい指導が書き込まれており、さらには、私が「脱会届」を出した後でリハビリの生活が必要であることまで、さまざまな内容が書かれてあったのです。

両親が牧師の指導を受け、その指導に全面的に従っているのが分かる内容でした。それを見て、私はさらにショックを受け、「もう誰も信用してはいけない」と固く心に決めたのです。

そして、その計画書の内容を通して、私が脱会を決意するまではどんなことがあってもここから出してもらえないということを、再認識させられました。

船田牧師は、私が監禁されてから2週間ぐらいまで、ほぼ毎日、マンションに訪ねてきました。その中で、統一原理の内容と従来のキリスト教の聖書解釈との違いを比較して批判し、さらには、文鮮明《ムンソンミョン》師（真のお父様）の路程についても批判して、私の信仰すべてを否定してきました。

私は心の中で、「人が神様から受けた啓示に対して、どうして他人がそれを嘘《うそ》だと言い切れるのか？　その根拠がどこにあるのか」と思いました。それは、本人と神様との間でしか分からない出来事であるはずなのに、それを、あたかも文師が嘘をついているように決めつけるのです。

そんな牧師の姿を見て、「嘘をつかせてここに連れてこさせたのは誰だ⁉　それを指導したのは、あなたではないか！」と感じました。その矛盾に満ちた牧師の姿勢を、私は到底受け入れることができませんでした。

しかし、ここから出ようとするなら、「偽装脱会するしかない」と思い、何一つ反抗せず、ただただ忍耐し続ける日々を続けざるを得ませんでした。なぜなら、私のマンションの中での生活態度が、いつも両親から牧師に報告されていたからです。

私は、本当に悔しくて、悔しくて、その思いをどこにぶつけることもできず、布団を何度も噛《か》んで泣きました。

偽装脱会

監禁から解放されるために、「きょうこそ、家庭連合をやめると言おう」「きょうこそは……」と、毎日そう思いながら、なかなか言い出す勇気が出てきませんでした。

「本当に偽装脱会ができるだろうか……。また、言ったとしても、私がその後、家庭連合に戻ったら、親は悲しんでしまうだろう……」。そう思うと、なかなか決意ができませんでした。

ちょうど40日がたった朝方、夢を見ました。真のお母様（韓鶴子《ハンハクチャ》女史）が真っ赤なチマチョゴリを着て、大きなおなかをされ、しんどそうに座っておられました。そして、その隣に真のお父様がおられ、「今回は難産なんだ」とおっしゃったのです。

私が監禁されたのは、1600名の修練会が始まった時で、日本は世界を生かすエバ国家としての重要な使命のまっただ中にありました。それで私も決意して、乗り越えなければならないと思わされたのです。

その日の夜、元信者の姉妹が訪ねてきて、「今どんな気持ちですか？」と私に尋ねてきました。「今、言わなければならない……」。私は必死の思いで、ようやく「家庭連合の信仰というものから離れたい」と言ったのです。

しかし、「脱会宣言すれば、次はどうなっていくんだろう……」と、心の中は不安でいっぱいでした。自分の本当の気持ちを誰にも打ち明けることができず、心が不安定になっている私に対し、船田牧師は、真のお父様を中傷した反対派のさまざまな批判書を持ってくるようになりました。

私は心が揺れ動き、どれほど神様に祈ったか分かりません。神様の願う真実な道を歩みたいと願う中で、神様はなぜ、こんなにまで、家族や私を苦しめるのか、とも考えました。

そして、寝ながら布団の中で、「神様、あなたの前に真実に生きた方はどなたですか? あなたのために、最も涙を流された方はどなたですか?」と、まるで神様を試すようにして、真剣に尋ねました。

すると、その夜、再び夢を見ました。それは、真のお父様の背中を私が流している夢でした。その背中は拷問を受けて、傷だらけになっている背中でした。

迫害の中で、お父様はどんな屈辱と痛みを越えてこられたのだろうか……。お父様は地獄の底にいらっしゃったのだ……。マンションの中は、たった一人の孤独な闘いでしたが、神様は信仰の幼い私に対して勇気と知恵を与え、夢を通して守ってくださったのです。

「根気強く、忍耐して頑張るんだよ」と、お父様がいつも励ましてくださっているように思えました。そして、たくさんの兄弟姉妹が夢に現れました。彼らが私のために祈ってくれていることを実感し、とても感謝しました。

私一人の力では、とっくに倒れて、いろいろと考える気力さえも失い、今頃はどうなっていただろうかと思います。

私が祝福を受けていること、そして、自分の気持ちをほとんど口に出して言わないことなどから、船田牧師たちは、とても私を警戒している様子でした。

両親は、監禁生活が2カ月を過ぎるとイライラし始め、母は「もう帰りたい」と何度も泣いていました。その姿を見て、父が「何を泣いてるんや! この問題で今も泣いている親がいっぱいいるんや!」と母に強く言い聞かせました。すると母は、「分かってる! Tが統一教会の間違いが分かるまで、死んでもここを出ない」と決意し直すのでした。

そのような両親の姿を見たとき、牧師から一方的な情報を刷り込まれ、精神的苦痛を負いながらも、「娘のために!」と思って、何も分からずに懸命に行動している姿があまりにもかわいそうに思えました。それと同時に、牧師に対する怒りを抑えることができませんでした。

マンションの中は地獄でした。その頃、私は心身共に限界状態に達していました。親子なのに両親を、姉妹なのに妹を、全く信じることができず、本音で話ができないという、いつも緊張した状態の中にあって、気がどうにかなってしまいそうでした。

ついに私は、吐き気や頭痛、指先にしびれが出てきて、心身共に傷つき果ててしまいました。外の空気を全く吸うこともできず、食欲も、体力もなくなり、急激に痩せて、監禁前に46キロあった体重は40キロにまで落ちてしまいました。今も、体重は元に戻りません。

母から、「(京都聖徒)教会の人が、Tさんは何を考えているかよく分からないと言っているから、自分の気持ちをはっきり言いなさい」と要求されましたが、もし自分の気持ちを正直に話せば、永遠に続くであろう「監禁生活」。そこから逃れるため、私は家庭連合をやめたふりをする「偽装脱会」の手段を選ばざるを得ませんでした。そして、船田牧師から許可を得て、ようやく69日目にマンションを出ることができたのです。

牧師は、マンションにいる間、「統一教会は一方的な教え込みをしており、洗脳だ」と批判し、「文鮮明が『人を殺せ!』と命令すれば、平気で人を殺してしまうような恐ろしいテロ集団だ」と、そんな事実はないにもかかわらず、言っていました。

しかし、牧師のほうこそ、両親や親戚に一方的に情報を流し込み、家庭連合への憎しみを刷り込んで倍増させ、本心では〝こんなことしたくない〟と思っている両親に対して、「そうすることが子供のためであり、そうするしか方法がない」と指導して、拉致《らち》監禁という犯罪行為を行わせているのです。子供を心配する親の心理を利用し、不安をあおるやり方は問題です。また、私の「信教の自由」という基本的人権を配慮しようとする気持ちが一切ありませんでした。

このように、私たち家族がマンションで苦しみ続けている間、実は、主人のほうも大変な苦しみを受けていました。

主人(当時、婚約中)は、私の母から「親子の話し合いをします」という1通の手紙を一方的に受け取り、それを読みました。突然、私の居場所さえも分からない状況になったのです。主人はとても苦しみ、心に深い傷を負いました。

京都聖徒教会での軟禁生活

マンションを出てから、私は、牧師が「リハビリ」と称している生活をするために、京都聖徒教会へ行くことになりました。そこでの生活は、監視される軟禁状態でした。

船田牧師の言い分によると、「脱会すると、今まで真実だと思っていたものが完全に否定され、絶望感に陥っており、それが深い心の傷となる。だから、統一原理の間違いをしっかり理解していなければ、普通の生活ができなくなる。社会復帰もできない。そのために正しい真理、聖書の教えを学ばなければならない」と述べ、京都聖徒教会に泊まり込んでの「リハビリ生活」をしなければならないということでした。

船田牧師は、「信仰は自由だから強制はしない」と語る反面、「(キリスト教を) 信仰していったらいい」と言ってきました。強制改宗をしている牧師が、こんな矛盾したことを言っていることに対し、私は「ここに真理はない。本当に自分が探しているものはない」と感じました。

マンションを出るとき、家族は本当に疲れ切った状態でした。それでも父は、母と私がマンションを出る3日前にそこを出て、仕事に行き始めました。

京都聖徒教会での軟禁生活は、私以外にリハビリ中の人が5人、元信者で「保護説得」と称して監禁場所に赴き脱会説得をして、献身的に活動している人が3人、そしてクリスチャンの奉仕者の女性が1人いました。それ以外に、船田牧師の家族も暮らしていました。

牧師の家庭以外は、みんなで一緒になって寝泊まりしました。食事も、食材を自分たちで買いにいき、作って食べるのです。この時は外に出ることが許されましたが、私には母が付き添い、元信者の人も一緒で、逃げることもままならない状況でした。

リハビリ生活の1日目は、母と妹も一緒に寝泊まりしました。しかし、妹は「こんな団体生活は、自分にはできない」と言って、翌日帰り、結局、私と母だけが残りました。

そこでの生活は、朝6時から早天祈祷会 (聖書の学び) があり、その後は、その日によってさまざまですが、祈祷会、聖書の勉強会、伝道集会、賛美集会、家庭集会などがあります。日曜日には礼拝と、午後1時からの家庭連合問題の相談会、月半ばからは、家庭連合問題の対策集会に出かけました。

参加に関して、強制はされませんが、基本的には「参加するようにしてください」と言われました。

母は、私がトイレに行くときも、洗面に行くときも、ずっと付き添ってきました。しかし、母には「娘を信じたい」という思いがあり、そのような監視生活をすることが苦痛だった様子でした。

寝るときは、ドアの近くに元信者の人たちが寝て、私には「逃げるのではないか?」という警戒心からか、ドアから一番遠い所で寝るように言いました。

ある時、母が泣いているのを見つけました。私が「どうしたの?」と聞くと、「もう少し子供さんのことを考えて行動してください」と教会の人から言われたとのことで、母は母なりに懸命に努力しているのに、そのように言われたことが、とてもつらかった様子でした。

リハビリ生活に入ってから1週間後、私は「脱会届」を書くように言われました。脱会届を書くときは、既に船田牧師の元で脱会した人たちが書いた「脱会届」のコピーを見せられ、「このように書いたら良い」という指導を受けました。その時の私は、牧師たちの信頼を得ることによってしか外に出ることができない状況でした。

「脱会届」を書いた後、私は母に「パーマをかけに行きたい」と言って、一緒に外を歩きました。母と一緒でないと外に出ることは許されませんでしたが、外を歩くことができたときに、「忍耐すれば必ず道は開かれる」と思え、まるで冬を越えて春を迎えてゆくかのような、希望を感じることができました。

私がリハビリの生活をしているときに、主人が友人と共に、京都聖徒教会を訪ねてきてくれたことを、後から聞いて知りました。

そのとき主人は、「Tさんは、今は会いたくないと言っています」と言われ、追い返されたそうです。主人は、東京からわざわざ私を捜して訪ねてきてくれたのですが、私に会うこともできず、追い返されたのです。そして私は、彼が訪ねてきたことすらも全く知らされませんでした。

リハビリ生活が始まってから20日が過ぎた頃、母が少しずつ体調を崩し始めました。その様子を見た京都聖徒教会の人が、「Tさんもしっかりしてきたので大丈夫でしょう」と言ったので、母は自宅へ帰っていきました。

母が一緒にいる期間は、お風呂は船田牧師の家のお風呂に入り、洗濯は、母が外のコインランドリーでしてくるような状況でした。しかし、母が家に帰ってからは、状況が変わりました。私が一人で外出することは許可されませんでしたが、誰かと一緒ならば、銭湯やコインランドリーに出かけられるようになったのです。

苦悩……、そして脱出

そんな中で、私は、両親や妹が犠牲になり、私のためを思って行動してくれたことを思うと、どうしても、もう一度家庭連合に帰る気持ちにはなれませんでした。「私は隠れキリシタンのようにしているしかないのか……」など、本当に頭の中がおかしくなりそうなくらい考えました。その時は、冷静に物事を判断する力など、なかったのだろうと思います。

しかし、「家庭連合の教えを通して救いを感じていたことは、否定することができない」「主人はどんなに苦しんでいるだろうか……」と思うと、混沌《こんとん》とした状態が続いて、「一体、私の人生は、誰のものなんだ！」と大声で叫びたい心境でした。本当に苦しい日々が続きました。

自分自身の本心では、「自分の気持ちに正直に生きたい！」という思いでいっぱいだったのです。

牧師たちは、「もう大丈夫だろう」と私を信頼している様子で、拉致《らち》監禁されている兄弟の所へ一度、一緒に訪問しました。また、これから拉致監禁する予定の親や親族の方々が教会へ相談に来ているとき、「あなたの体験したことを話してあげてほしい」と言われ、話をしました。しかし、そうする中で、自分の本心を偽り、願ってもいない行動をしていることがたまらなく苦しく、「やはり、ここを出なければ、自分という存在が自分でなくなってしまう」と思いました。

毎日、どうすべきかを、ただひたすら祈りました。

そんなある日、京都聖徒教会の壁に聖句を見つけました。

イザヤ書41章13節

あなたの神、主なるわたしはあなたの右の手をとってあなたに言う、

「恐れてはならない、わたしはあなたを助ける」

「神様の声だ！」と確信し、涙があふれました。

私は自分の心を偽らず、正直に生きたい。

宗教間の争いの犠牲になりたくない。

そう思い、神様の導きを信じて、脱走することを心に決めました。

リハビリ生活から38日目、拉致《らち》されてから107日目に、私は束縛された異常な環境から、ようやく逃げ出したのです。

残された心の傷

私が逃げてから3年間は、再度の監禁を恐れ、両親とはほとんど手紙だけのやりとりで、会うことはありませんでした。

逃げてきたときは、家庭連合の教会には戻らず、私を助けてくださったご家庭にお世話になりながら、少しずつ心が癒やされていく日々を過ごしました。

そして、私と主人は、そんな中で家庭を出発できたことを神様に感謝しました。

純粋だった主人は、私が拉致されて以来、極度の人間不信に陥り、人と会うことを嫌うようになりました。

主人の両親は、私たちの結婚を喜び、結婚式も考えてくださっていたそうです。しかし、私の両親が拉致の話を主人の両親にも持ちかけていたために、それも実現することなく、隠れるようにして2人の生活が始まったのです。

主人は、私の両親をとても恨みました。この拉致監禁によって、どれほど心を踏みにじられたか分かりません。

私が少しでも両親の話をすれば、主人の顔の形相が急に変わってイライラし始め、どこにも持って行き場のない思いを私にぶつけてきました。夜は熟睡できず、毎晩うなされました。そしてとうとう、主人は自分にはどうすることもできない恨みと悲しみを抱えて、鬱《うつ》病になってしまったのです。働くこともできず、働いてもすぐに辞めてしまう、そんな自分を責め続け、苦しんだのです。

6年間、アリ地獄に入ったような日々が続きました。そして、とうとう2006年の夏、私も鬱病になってしまったのです。

主人は、今でも拉致の時の話をすると、怒りが込み上げてきて、形相が変わります。過去がフラッシュバックしてよみがえり、解けない恨みが湧いてくるのです。

直接、拉致監禁をされなかったとしても、このように、周りの家族も苦しみ、深く傷を負います。そして、15年以上の時間を経たとしても、その傷は癒えないのです。

私は長い間、主人の痛みを十分に理解することができず、私を責める主人を、私も責め続けました。しかし、自分が鬱病になり、その苦しみと、拉致された時の苦しみが重なって、主人の気持ちをもう一度考えさせられました。

もちろん、私が彼を怒らせたことも何度もあります。しかし、主人は私に対して、「自分の腹の底にある、あなたの親に侮辱《ぶじょく》された恨みが、あなたに対する怒りをさらに大きくする」と言いました。

それを聞いたとき、これは私と親だけの問題ではないと深刻に感じ、まだまだ我が家庭において、この拉致監禁問題が解決されていないことを改めて実感したのです。

私も自分の無力さに落ち込み、生きている値打ちもないような気持ちになるときがあります。ただ自分が探し求めているものを求め続け、近くの家庭教会につながって、今はひっそりと信仰を持っています。

3人の子供たちに恵まれて、子供だけは神様を中心にして育てたいと夫婦で願っています。

反対牧師たちは、家庭連合の信仰を完全に失くしてしまうまでは、自由を奪います。親の子供を思う気持ちを利用し、「保護説得」という美しい言葉を使いますが、それは完全に非人道的な拉致監禁です。本人の自由意思を全く無視して、「気が狂った者」のように扱い、最も信頼したい親から拉致監禁されるのですから、子供が心に負う傷は本当に深いのです。

信教の自由を奪い、親子関係に傷をつけて、それを修復していくことに、どれほどの時間と気力が要るか分かりません。このような行為は、人格を破壊し、精神も身体も脅かす許されない行為であると実感しました。

そして、直接拉致はされなかったとしても、私の主人のように、身近な人がその問題で大きなショックを受けることで、精神的疾患を抱えるようになっているのです。

独善的な「正義感」を持ち、罪悪感もなく拉致監禁をし続ける反対牧師たちがいることは、絶対に許し難いことです。

私の体験は氷山の一角で、もっともっと大変な方々がいることと思います。

これからも、この拉致監禁問題の解決のために声を上げていきたいと思います。

逆境を超えて得た親子の絆《きずな》

O・Y（女性）

私は20歳で家庭連合（旧統一教会）に導かれてみ言《ことば》を

学び、24歳で献身的に歩むようになりました。１９８８年10月30日、６５００双の祝福結婚式があり、25歳でその祝福式に参加しましたが、その約1年半後の１９９０年5月、拉致《らち》監禁されました。

以前、み旨《むね》を共に歩んでいた、私と同県出身の姉妹が拉致監禁されたのですが、その姉妹が離教した後に私の母の職場を訪ねたらしく、「統一教会（家庭連合）は大変なところである。Yさんを救い出すために協力したい」と語り、反対牧師を紹介したそうです。

それから2年間、私の両親は反対牧師によって教育を受け、拉致監禁のための準備をしていくことになりました。

私が献身的に歩むようになった年、父方の祖母が亡くなりました。それで、父が「一度、墓参りに来てほしい。そうしてくれれば信仰も認めるし、自分の好きな道を自由に歩んでいい」と言うのです。私も、今までお世話になった祖母のお墓に行って、一度は手を合わせたいと思っていましたので、「監禁されるのでは」という不安も少しありましたが、90年の5月に、1泊2日の予定で帰省することにしました。1日目は何事もなく終わりましたが、2日目の朝6時頃、親戚からの電話を受けた父が、1階でヒソヒソと話しているのを2階の部屋で聞きながら、不審に思いました。その日は、帰る前にお墓参りをしてから、本家へ挨拶に行くはずでしたが、父の車がお墓の方向ではなく、父の姉の家に向かっていくのです。

伯母の家に着くと、そこには親戚がたくさん集まっていました。そして、父が「今から話し合いをする。これからお互いが理解できるまで徹底的に話し合う。それが解決するまで出さない」と言い、監禁が始まったのです。その時、父の目が蛇の目に変わったのをよく覚えています。「このようなことをする父の背後には、サタンがいる！」と確信した瞬間でした。

この監禁で私が一番恐れていたのは、反対牧師や親以上に、自分自身の心でした。私がどれくらいこの道を信じているのか、これから試されていくのだと思ったからです。

監禁1日目にして、すぐに苦しくなってきました。自分を守るものが何もない独りぼっちの闘いで、条件もない中、相手の土俵で闘っていくことの難しさを感じました。反対牧師に勝つためには、神様から知恵をいただきながら闘うしか道はないと思いました。

5～7日ぐらいたった頃でしょうか。佐賀唐津聖徒教会の中村勝彦牧師と、熊本の希望ヶ丘教会の本田勝宏牧師が来ました。その2人を見た瞬間、私は頭に血が上って、持っていた本を2人目がけて投げつけました。すると2人が、「私たちの話を聞くつもりではなかったのか。聞くと約束したのではなかったのか」と言うので、「私はそんな約束はしていない。この話し合いは親子の問題だから、親子でやります。あなたたちには何の関係もない」と反論しました。すると、中村牧師が私の態度を見てとても怒り、「お宅の娘さんは、全く聞く耳を持っていない。もう少し親子の信頼関係を取り戻して、何でも言うことを聞くようになってから私を呼んでください。そうなったら私たちは教育に来ます」と言い残して、帰っていきました。

その後、私が幼い頃に育った場所、母の実家（お寺）に移したほうが私の心が開くのではないかということで、監禁場所が母の実家になりました。本堂の裏に小さな部屋が2つあり、そのうちの一つで生活するように、準備されていました。裏部屋なので天井がとても低く、中にはポータブルトイレ、布団、机が準備されており、食事も顔を洗うのも、すべてそこでできるようになっていました。お寺の監禁場所には、鹿児島の日本基督教団、布田秀治牧師がよく訪ねてきました。

窓は二重になっており、サッシと障子になっていましたが、障子にすべて大きい釘《くぎ》が打ってあり、外は全然見えない状態でした。隣に部屋がありましたが、それを仕切ってあるふすまにも釘が打ってあり、全く開けられない状態でした。そして、ドアにも二重に鍵が掛けてありました。

それまで私は、信仰歴が4、5年になったとしても、拉致後、わずか40日くらいで離教していく兄弟姉妹を見ながら、そんなに簡単に神様を裏切ることができるのだろうかと不思議に思っていました。しかし、自分がその立場に立ってみて、初めてそういう兄弟姉妹の気持ちが分かったのです。

私の場合、天井がとても低い場所で1カ月間、暮らしたわけですが、そこにいると霊的に力を失って、おかしくなってしまうのです。

聖書も聖歌もみ言《ことば》もすべて取り上げられてしまい、祈祷をしようと思えば邪魔されるのです。そして、突き飛ばされたり、音を立てたりされるのです。ですから、とにかく祈らないと、霊的におかしくなってしまうと思いました。その時に思い出したのが、海外宣教に行ってている兄弟たちのことです。

アフリカなどの難しい国に宣教に行っている兄弟姉妹は、心情が落ちても、牧会してくださる人はいないし、み言《ことば》は届かない。そういう中で、ただ祈るしか神様につながっていく道はありません。そこで闘っている兄弟姉妹のことが思い出されました。

そしてもう一つ思い出したのが、「新天地」という機関誌にあった李《イ》ヨハネ先生のメッセージで、アブラハムとサラの信仰について書かれたものでした。

その中に、「重大なときに神様に相談しなかった」という内容がありました。その李ヨハネ先生のメッセージがとても頭に残っており、とにかく祈って、神様につながっていくしか道がないと思いました。ですから、布団をかぶって寝ているふりをし、祈り続けました。朝は40分、昼は21分、夜は12分、それだけは必ず続けました。今までの信仰生活で、これほど祈ったことがないと思うほど、真剣になって祈りました。

啓示と夢によって導かれる

すると、不思議なことがいろいろと起きるようになりました。それは祈祷を始めて21日目ぐらいのことでした。夢を見るようになり、いろいろな啓示が下りるようになったのです。その中でも、特に3つの啓示を覚えています。

当時は、今から考えれば申し訳ない話ですが、もし私が霊的におかしくなって、神様と真の父母様を裏切るようになったとしたら、そのときは生きていられない、死んだほうがいいと思い、死ぬ準備までしていました。かみそりを用意し、母のバッグからとても強い頭痛薬を盗み出して、それを隠し持ちながら祈り続けたのです。

「神様、もし万が一あなたを裏切るようなことがあったならば、私はこの薬を飲み、手首を切って死にます」

そのとき、1回目の啓示が下りました。「どうして死ぬのか、あなたは生きて信仰を全うしなさい。文先生はメシヤであるがゆえに、死ぬことができなかったのだ」「あの興南《フンナム》に入っておられたときも、自らの肉体を生かしていかれたではないか。だから、あなたはこの場から出て、信仰を全うしなければいけない」と言われたのです。

私はとても申し訳なく思って、「なぜ死ぬことを考えたのだろうか」と、思いとどまることができました。

2回目に降りた啓示は、「サタンはあなたを離教させることだけが目的ではない。祝福家庭を一つでも崩したいのがサタンの目的である」という内容でした。

3回目には、「私の願いを叶《かな》えてほしい。私の願いは、神の血統をこの地上に一人でも多く残してくれることだ」というのです。それを聞いて、私は〝まだまだ死ぬことはできない。ここから無事に出て、神様の血統の子女を生むまで死ねない〟と思いました。さらに、不思議なことが次々に起こりました。

お寺で監禁されていたとき、お寺の住職が「退屈だろうから」とレンタルビデオを2本借りてきてくれたのですが、それがインディ・ジョーンズの「最後の聖戦」と、スティーブ・マックイーンの「大脱走」でした。これを観《み》て、本当に力が出ました。まるで、神様からのメッセージのような気がしたのです。

脱走不可能と言われた収容所を囚人たちが抜け出していくのですから、この監禁からも絶対に抜け出せると思いました。「最後の聖戦」は、イエス・キリストの聖杯をめぐって善と悪が戦うのですが、最後、善が勝利する姿を観ながら、勇気を得ました。私の選んだ道は絶対間違いないと……。

そんな中、また不思議な夢を見ました。そして、「ふすまの一部が開くから、隣の部屋に逃げなさい。そして、窓から飛び降りて逃げていくんだ」と言われたのです。それは5月のことで、私はすぐに起きてふすまを開けようとしましたが、とても大きな釘《くぎ》が打ってあるため、開きませんでした。なぜ霊界が、ここのふすまが開くと教えたのか、とても不思議に思いました。

しかし、とにかく40日目が来たら、私は窓を割ってでもこの場から立ち去ろうと決意していました。その40日目というのは、6月に入ってから迎える日でしたが、5月31日の朝、もう一度啓示が下りたのです。

「きょう実行しないといけない。今まであなたが祈祷条件を積んできたことが、6月になれば、また一から積み上げなければならなくなってしまう。それに、6月はいつもさまざまな問題の起こる月である。霊的にとても弱くなる月だ。だから、きょう実行しなければならない」と言われたのです。そして、起きてふすまを見たら、なんと釘がなくなっていたのです。それを見た瞬間、神様がきょう実行しなさいと言われていることを悟りました。

釘がなぜなくなっていたのかというと、私の気持ちが全く変わらないのを見た親が、6月になったら村上密《ひそか》牧師を呼んで、隣の部屋で私を教育しようと思い、釘《くぎ》を抜いて隣の部屋の準備をしていたらしいのです。親は、釘を抜いたことに私が気づかないと思ったようです。

ですから私は、村上牧師が来る前に脱出したことになります。まさに、脱出するべき時を霊界から教えられたのだと思います。

命懸けの脱出

監禁されていた当時、お昼の12時から30分間だけは、部屋に監視がいなくなりました。また、お寺の周りは農家であり、12時から12時30分までは人がいなくなるのです。監視が御飯を食べにいった隙に、私は服を着替えて隣の部屋に行き、準備をしました。窓は二重になっていたのですが、障子を破り、木の枠組みを全部外して、サッシを開けました。

そして、もう一度祈ったのです。

「神様、今、私は飛び降りてここから出ていきます。もし脱出が失敗したら、もう逃げることが難しくなります。その時は、もしかしたら申し訳ないですが、やはり死ぬかもしれません。ですから神様、導いてください」

そう真剣に祈って、私は窓から飛び降りました。その下には小さな川が流れていて、ずぶ濡《ぬ》れになりながらも、走り続けました。

私の母の姉は、監禁していることが外部に漏れることをとても恐れていました。お寺ですから、そういうことが漏れてしまえば、広く知れ渡ってしまいます。私のお寺の周りには門徒が大勢いるので、「走るだけではだめだ、近くの家に逃げ込もう」と思って、とにかく裸足《はだし》で家に飛び込みました。

そして、アベル（信仰的に導いてくれる人）につながらないと導かれないと思い、電話を貸してもらって、（家庭連合の）家庭教会に電話しました。電話で「今出てきました」と言うと、「Yさん、6000年の出会いだね」と言われました。本当に、涙が出て止まりませんでした。

アベルは、「そこの奥さんが良い方であるならば、車に乗せてもらって、近くの病院まで逃げなさい。そこからタクシーを呼んで、市内まで行きなさい」と指示してくれました。

その婦人はとても良い方で、裸足の私に靴と食べ物を下さって、病院まで送ってくださいました。そこからタクシーを呼んで、市内まで逃げることができたのです。

ところで、脱出してからも、私には「なぜ、お寺の住職はあの２本のビデオを借りてきたのだろうか」という疑問がありました。もしかしたら、「私を逃がしたい」という思いがあったのではないかとも思われました。それで、子女が生まれて熊本へ帰省したときに、その真意を聞いてみました。ところが住職は、「自分はそんなビデオを借りていない。何かの間違いではないか」と言うのです。そのときに、これはこの人の意思でやったのではない。自分の意思ではないから、その部分だけ記憶が消されているのだと理解できました。やはり神様からのメッセージだったのです。

逆境を超えて得た親子の絆《きずな》

そういうことが１９９０年にありましたが、それ以降、私がずっと意思を曲げないものですから、父も母も諦めて、１９９２年8月に結納し、11月に披露宴を行って、籍を入れました。

今でもマスコミの攻撃が激しくありますが、「親戚は理解できないかもしれない。しかし、おまえと私は親子である。最後には、親は子を信じるものだ」と言ってくれ、無事に入籍を済ませることができました。

私は監禁から脱出した後に、親が大金を支払い、反対牧師を使って私を監禁したという事実を知りました。そのことが私の心を深く傷つけましたが、私の場合、み旨《むね》を歩む中で、その傷が消えていったのです。

いろいろな責任分担を歩ませていただきましたが、一番大きかったのは、伝道対象者をみ言《ことば》で教育する責任を任せられて、歩んだことでした。「一番、血の近い人を愛したいのに、愛することができないのならば、私から遠い人をまず愛していこう。私が担当するすべての人を天につなげていきます」と決意し、わずか1年間でしたが、ほとんどの伝道対象者を天につなげることができました。

しかし、あるゲストと重要な話をする日が、主体者が私の両親と会う約束の日と重なってしまったことがありました。主体者からは、私にも一緒に来てほしいと言われましたが、「ゲストの永遠の命が大切だ」と思って、私は帰りませんでした。

今思えば、これが私の越えるべき最後の試練だったように思います。ゲストとの話が終わるのと同時に、主体者から、私の両親が受け入れてくれたという連絡が入りました。

また、当時、反対牧師問題を担当する人から、監禁場所で、真のお父様の写真を出された場合、それを踏んでもいいから、とにかく監禁から脱出するようにという指導がありました。しかし、これは私が監禁される前のことでしたが、監禁から脱出してきた兄弟姉妹の中に、その「踏み絵」を踏んだために傷ついている人がいました。監禁から脱出するために、本心からしたのではないにせよ、真のお父様を形式的にでも否定したことで、深く傷ついてしまう人がいたのです。

だからこそ、私は、もしそのような状況になった場合、お父様の写真を踏まずに出てくるんだと心に決めていました。信仰を曲げることなく、監禁から出てくることができたのは、私にとって幸運でした。もしも踏んでしまったら、きっと私の良心が許さなかったと思います。

私の監禁には、八代教会の中島牧師、鹿児島教会の布田牧師など、4人の牧師が来て、一日8時間ほど説得を受けました。しかし、私がどうしても変わらないということで、6月には村上密《ひそか》牧師が来る予定でした。私はちょうどその前に抜け出すことができ、助かったのでした。

1カ月の間、いろいろな啓示を受け、出てきた後で、その月の機関誌「ファミリー」を読みました。するとそこに、私が1カ月間、啓示を受けた内容がすべて書いてあったのです。それを見ながら、「真のお父様のみ言《ことば》が神様のみ言である」と、初めて悟らせていただきました。

これからも信仰を最後まで全うして頑張りたいと思います。

第三章

その時、警察はどう動いたか

序

２０００年４月20日。衆院決算行政監視委員会で、桧《ひのき》田仁《だひとし》・自民党衆院議員（当時）は、人権侵害・信教の自由に関して次のように質問しました。

「拉致《らち》、監禁、暴行、傷害罪など刑事罰行為に触れる行為は、例えば、親子や夫婦なら問われないということがあるか」

これに対して、当時の警察庁長官、田中節夫氏はこう明言しました。

「親子や親族であっても、刑罰に触れる行為があれば、何人《なんぴと》に対しても法と証拠に照らし、厳正に対処する」

２００９年９月28日、離婚した日本人の元妻が、アメリカから日本の実家に子供と帰国した際、元夫が８歳の長男と６歳の長女を無理やり連れ去るという事件が起きました。福岡県警柳川署は、この男性を逮捕し、未成年者略取容疑で送検しています。

朝日新聞（２００９年10月２日付）は、この事件を国際結婚で破局した場合の日本のルールの違いに焦点を当てて報じましたが、県警は「子供を無理矢理連れ去った行為自体が犯罪で、離婚の経緯などは事件と関係ない」とコメントしています。

２０００年における警察庁長官の答弁も、２００９年９月、福岡県の事件で動いた福岡県警柳川署も、同じ認識の上に立っていることは明らかです。

さらに冒頭の決算行政監視委員会で、田中警察庁長官は「全国のいくつかの県警察において、統一教会（家庭連合）の信者から被害申告あるいは相談がなされたということは承知している。国民の生命、身体、財産の保護を任ずる警察としては、今後とも刑罰法令に触れる行為があれば、法と証拠に照らし、厳正に対処する」とも語っています。

信教の自由は、たとえ親であっても一方的に踏みにじることは許されない。刑罰に触れる行為は、誰であろうと厳正に対処する――この法の常識は、果たして家庭連合（旧統一教会）の信者に対しても当てはまっていたのでしょうか。残念ながら、そのような行動を私たちは目撃することができませんでした。これがこの章のテーマです。

国家の治安を担当し、その職責ゆえに時には命を投げ出す警察官を、私たちは心から尊敬しています。ですから万が一、私たち家庭連合の信者が信仰の自由、生命の危機、著しい人権蹂躙《じゅうりん》に見舞われた場合は、偏見を持たず、法に照らして、厳正かつ迅速に行動していただくよう、要望します。

家庭連合信者に対する拉致監禁問題について言えば、警察は法によって保護すべき人と追及すべき人物を全く取り違えています。警察トップの国会答弁が、言葉だけでなく、一刻も早く行動を伴うものとなるよう求める次第です。

拉致監禁事件に終止符を打つため、両親・牧師を告訴

I・T、I・R夫妻

「両親を訴えることにためらいがなかったと言えば、ウソになります。でも、自分と家族の身を守り、信仰を守り、統一教会（家庭連合）の会員を襲う拉致監禁問題に終止符を打つため、さらには日本に真の信教の自由を打ち立てるためにも、この方法しかなかったと思います。〝肉を切らせて骨を断つ〟というような信念でした」

I・Tさん、I・Rさん夫妻は、神奈川県内の自宅で、両親などを訴えた心境をこう語った。

Rさんはこれまでに2度、牧師に教唆された家族らの手によって拉致監禁された経験を持つ。1995年10月下旬の時は、監禁から数日後、マンションのベランダから飛び降り、奇跡的に逃げることができた。Rさんは脱出後、Tさんと入籍。両親や親族には夫の住所と自分の携帯電話の番号だけを教えて、居場所を突き止められないように警戒していた。

だが、Rさんが教会に導いた妹も、Rさんの最初の拉致と同時に拉致監禁され、妹は離教した。そして、妹が離教したことは全くRさんの耳に入らない状態にして、この妹の誕生日を祝う機会を狙い、2度目の拉致監禁が実行されたのである。

97年1月10日午後10時半頃。川崎市内のファミリーレストランで、Rさんが妹の誕生日祝いを終えて、駐車場に出たところ、暗闇から数人の大人に襲われ、両腕両足を羽交い絞めにされた。そのまま体を宙に持ち上げられ、前方に待機していたワンボックスカーの中に入れられた。Tさんは、車を暖めるため一足先に店を出て、車のエンジンをかけた時に悲鳴を聞いた。その方向に目を向けると、暴漢に襲われ、連れ去られようとしている妻の姿が

目に飛び込んだ。即座に、妻のそばに駆け寄ろうとしたが、両サイドから2人の男に力ずくで押し倒された。彼の両膝はアスファルトの地面に激しくこすりつけられ、出血。左手も地面に打ちつけられて、血がにじんだ。

その時、Iさん夫妻は共に「お兄さん、ごめんなさい」という妹の泣き声を聞き、妹が監禁を手引きしたことに初めて気づいたのである。Rさんを乗せた車が走り去った後も、Tさんを妨害した2人の男は立ち去らない。彼が後を追跡できないように見張るためだ。Tさんはすぐに店員に頼み、警察を呼んでもらう。駆けつけた警察官は事情を聞いた上で、こう告げた。「もしこの事件が、見知らぬ人が連れ去ったということであれば緊急配備をしなければならないが、ご両親が一緒ならば、奥さんの件に対しては何もできない。ただ、あなたはケガをしているので、傷害事件として取り上げることはできる」

警察は傷害事件の捜査のため、妻の実家に行ったり、聞き込みをしたり、日本基督教団戸塚教会に出向くなどしたが、結局、妻の行方に関する手がかりはつかめなかった。次第に焦りの色を出す警察をあざ笑うかのように、Rさんは監禁場所を3度も変えられ、警察の捜査も行き詰まった。

この両親による拉致《らち》監禁には、横浜の日本基督教団戸塚教会の黒鳥栄副牧師、群馬の日本基督教団太田八幡教会の清水与志雄牧師（当時）が教唆するなど、深く関与していた。Rさんは関東圏内の三カ所のマンションを転々と移動させられたが、マンションのドアには、元々付けられていた錠や防犯チェーンのほかに、中から開けられないように2個の南京錠《なんきん》とチェーンが付けられていた。窓には半透明のビニールが張られ、鍵がないと内側からは開けられないクレセント錠で施錠されていた。ふすまやトイレの錠は取り外されていた。

プライバシーを侵され、家庭連合（旧統一教会）に対するありとあらゆる誹謗《ひぼう》中傷、Rさんへの罵倒《ばとう》と侮蔑《ぶべつ》、脅迫と恐怖にさらされて、監禁前は53キロあったRさんの体重が、瞬く間に43キロに減少した。数カ月がたち、このまま抵抗しても、精神的、肉体的に耐えることが難しいと判断したRさんは、真意を隠して、「私が間違っていました」と語った。それから約2週間後、Rさんは解放されたのである。

偽装脱会をする中で、分かってきたことがあった。子供を拉致する家族の集いがあり、事前に拉致の場面を想定して、各自の役割を明確にしながら何度も拉致のリハーサルを行うこと。Rさんの父親は、拉致実行の前に地元警察に事情を話しており、警察からは「穏便にお願いします」と言われていたこと。たとえ、家庭連合の信仰を捨てたとしても、今度は逆に家庭連合に反対する活動を強いられること。

約5カ月に及んだ監禁で、Rさんは心身共に激しく衰弱し、働くどころか普通に生活することさえ困難になった。寝ても、夢に親たちが現れて、追いかけてくる悪夢に何度もうなされた。外出中でも、Rさんのそばで誰かが突然走り出すと、自分を拉致するために襲ってきたのではないかという恐怖に駆られる。通院しながら、体調の回復に専念した。

Tさんから「夢の中で逃げないで、両親と闘いなさい」と励まされ、次第にRさんは落ち着きを取り戻す。そして、自分と家族の身を守るために暴行、脅迫、拉致、監禁を理由に、両親や牧師らを民事・刑事の両方で訴えたのである。刑事のほうは2002年3月、嫌疑不十分で不起訴になった。民事裁判のほうは、Iさん側が地裁、高裁いずれも敗訴という結果に終わっている。つまり、Rさんの両親や牧師が行った行為は、「原告の意思に反する、違法な、拉致、監禁及び統一協会からの脱会の強要とまでは認めることができない」（横浜地裁判決文）というのである。実は、地裁において裁判官と裁判長が途中で人事となり、判決日も2回延期されるなど、不可解な動きがあった。Iさん側の担当弁護士は、「ほかの宗教団体ならば、完全に勝利している内容なのに……」と悔しがったという。

高裁は、あっけない敗訴だった。I夫妻にとって、その判決文はあまりにも粗末なものに思えた。上告理由書にそのことを指摘し、最高裁に上告した。

最高裁は上告に対して1年間、沈黙した。そして、最高裁が選択した結論は、異例の「和解勧告」だった。原告側の弁護士によれば、最高裁での「和解」は極めて稀《け》有《う》な事態であり、自分の弁護士人生において、最高裁で和解となったのは、ほかに一例しか知らないということだった。

2006年3月、Iさん夫妻は、最高裁で親族等と和解した。和解項目の第一項に、「当事者双方は相手方の信教の自由や価値観を尊重し、これに干渉しない」と記されていた。Iさん側の主張を受け入れた和解項目である。

夫のTさんは、裁判を振り返って次のように話した。

「裁判はケンカでも報復でもありません。親子関係に致命的な亀裂が生じることはありません。問答無用の暴力行為に訴える相手のやり方ではなく、これは合法的な話し合いの場なのです。彼らはメディアをうまく利用し、〝虚構の世論〟を形成して、その中で統一教会（家庭連合）のイメージはモンスター状態になっています。その意味では、統一教会側が〝虚構の世論〟を一つ一つ論破していただきたい」

「反対派は、『信者は教団によってマインドコントロールされていて、自分の頭で考えることができない思考停止状態に置かれている』などと吹聴《ふいちょう》し、拉致《らち》監禁の正当性を主張しますが、事実は違います。逆に、暴力を用いた拉致監禁・強制棄教を受けることによって人格が破壊され、家庭に深刻な亀裂が入る痛ましいケースをよく聞きます。『親心』と偽って、一個人のみならず家庭を奈落の底に突き落とすようなことは、決して許されることではありません」

また、Rさんは偽装脱会中、自分が直接目撃した牧師についてこう語った。

「牧師が家族を遠隔操作しているんです。同じマンションの同じ部屋を、今度は別の家族が使用するというように、繰り返し使っていましたよ。誰を出して誰を入れるかの指示を、牧師が出していました。私が偽装脱会をしていたとき、牧師の指示で、脱会説得に連れていかれましたが、あんまり鍵が多くて、マンションのオートロックを解除する鍵を、鍵束から探し出せずにいました」

「牧師は、監禁された人が確実に脱会するように、その人の状態を家族に報告させて、その状態に合った効果的な方法を家族にやらせるんです。私の場合も、まずは家族から『Rちゃんのことが知りたいから、話してほしい』とか、『統一原理のことを説明してほしい』とか、しつこく言われました。それは単に、本人の心を開かせるための手段ですが、『もしかしたら、家族は本当にそう思っているのかもしれない』という気持ちにもなりました。

そうやって話をさせておいて、次に出てきたのが、日本基督教団が出している冊子でした。それもまずは、『お父さんとお母さんに説明してほしい』と言われ、説明を終えると今度は、『牧師先生に説明してほしい』と言われました。家族は牧師が早く来て、私が脱会するように説得してほしいんですけど、本音は言えない。それで遠回しに、『冊子の内容について牧師先生に説明してほしい』と言ってくるんです。話は堂々巡りになりました」

「私は外に出ることも連絡を取ることもできない。一体、これが法治国家なのかと、監禁中、何とも言えない深い虚無感に襲われました。警察に、もっときちんと対応してほしいです。本人が助けてほしいと訴えても、『親子の話し合い』だと言われて素通りするようでは……。警察としての威信を懸けて、対処してもらいたいです」

妻と家族を守り、冷静に語っていたTさんだったが、全情熱を傾けた裁判で勝訴を勝ち取れなかったこと、さらに95年の1回目の拉致監禁からの長期の闘いで精神的に深刻なダメージを受け、深刻な鬱《うつ》病で働くことができなくなった。現在（2009年）、彼は市役所のケースワーカーの薦めで生活保護を受けている。

妻のRさんによれば、Tさんの鬱病は2005年7月に発症し、休職せざるを得なくなったという。

「親族および反対派と真っ向から対峙《たいじ》し、激戦を交わしたのは地裁でした。相手からの虚偽の主張や、事件と無関係な書類に目を通しながら、主人は怒ったり、落胆したりしていました。山口広弁護士、紀藤正樹弁護士らの反対尋問も激しく、また裁判が長期に及んだ上に、裁判官の交代、2度の判決言渡日の延期もあり、敗訴判決でしたから……。監禁から地裁判決まで、本当に走り続けた状態でした」

Tさんは、現在は精神障害2級の障害者という。障害年金を受けているが、不足分を生活保護費でまかなっている。

拉致監禁の被害は、今なおIさん一家を襲っていると言わざるを得ない。

3度の拉致体験
監禁行為に荷担した警察官

助けを求める私の頭をたたいた刑事部長

K・S（男性）

1992年11月30日、（家庭連合の）教会から自宅に帰った真夜中のことです。ベッドに入った直後、両親と親族らが「話し合いだ、牧師先生の話を聞くんだ」と私を羽交い締めにして無理やり車に押し込み、目隠しをしたまま上野の短期賃貸マンションの10階まで連行して、監禁してしまいました。

私は、暴力的に連れ去って閉じ込めるという、その不当なやり方に抗議して騒ぎました。足で思いっ切り窓を蹴飛ばすと、窓ガラスが割れたので、大声で「拉致《らち》監禁です、助けてください」と叫んで、必死に助けを求めました。すると、誰かが通報してくれたのでしょう。複数のサイレンが聞こえ、しばらくして銃を携行した数名の機動隊員が入ってきました。

父が玄関で機動隊員らと話をしているのを見て、私はこれで解放されると期待しました。ところが刑事部長が来て、私に対し、「統一教会（家庭連合）問題は親子の問題だ。騒がせるな！　お前が悪い」と言ってきたのです。私は刑事部長に、必死になって助けを求め、強制棄教のために監禁されている事情を説明しましたが、逆に頭をたたかれ、引き上げていったのです。

私は、本当にがっかりしました。しかし、何とかしなければならないと思い、再び叫び始めました。両親は私を毛布でくるみ、取り押さえようとしました。特に父は、必死になって私をなだめていましたが、それを振り払って、不当な拉致監禁に抗議し続けたのです。するとマンションの管理人がやって来て、「営業妨害になるから出ていってくれ」と言われました。これを聞いた両親と親戚らがやっと監禁を諦めたので、私は家に帰ることができました。これが1回目の、自宅からの拉致監禁でした。

油断させて、2度目の拉致監禁

2度目は、1995年3月に起こりました。両親が、私の大学卒業のお祝いをしてくれるというのです。親戚も来ると聞き、私は「両親や氏族を伝道できるチャンスだ」と思って、喜んでいました。当日、親戚は教会のVTR「丹心」を見てくれ、拍手までするのです。その後、ボウリングと食事を一緒にし、私はお祝いまでもらって大喜びでした。

ところが、それは私を油断させるための罠《わな》だったのです。私はだまされていることに全く気づかず、帰宅の車に乗りました。ところが、私の乗った車が自宅とは違う方向に向かい、高速道路を走り出したのです。監禁に気づいた私は、車の中で暴れました。やがて、車は群馬県太田市の、あるマンションの駐車場に到着しました。時刻は既に午前零時を回っていましたが、私は助けを求めて大声で叫びました。

1回目の監禁の時、私が暴れたことによって監禁を諦めざるを得なかったこともあったため、閑静なマンションの駐車場ではまずいと思ったのでしょう、家族や親族らは場所を利根川の河川敷に移し、そこで説得を始めました。

明け方までもみ合いとなり、私が親戚の人に頭突きをしたところ、みんなが本気になって、さらにもみ合いが激しくなりました。

しばらくしてから話し合いの場が持たれましたが、その一瞬の隙を見て、私は一気に土手を越え、駆け抜けました。捕まっては逃げ、また追いつかれては逃げながら、朝日が昇る中、限界を超えて畑の中を走り続けました。そして、胸を押さえながら私を追いかけてくる父親を振り切って、何とか民家に隠れることができたのです。

しばらくは、両親と親戚が走る足音、私を呼ぶ声、車のエンジン音などが聞こえていました。まるで野犬狩りでもしているかのような中、私は震えながら隠れていました。見つかるのではないかという不安に怯《おび》え、むしろをかぶって3時間くらいじっとしていましたが、なかなか外に出ていくことはできませんでした。

そうこうしているうちに、その家の子供に見つかってしまいました。そして、「お母さん、ここに変な人がいるよ」と言われたので、出ていくことにしました。私は、教会の人に電話をかけて助けを求めようと、民家の人に電話を貸してほしいとお願いしましたが、貸してもらえませんでした。結局、公衆電話を探し出して、靴下に入れて隠しておいたお金で連絡を取り、教会の人に来てもらったのです。こうして、無事に2回目の拉致からも逃れることができました。

このように、強制棄教を目的として、2度も拉致されたのです。しかし、当時を振り返れば、それでもなお、親を信じたい自分がいたのです。

手足を建築用資材で縛られる

3度目の被害に遭ったのは、1997年4月11日のことでした。朝7時、いつものように仕事に行こうと、教会施設から出て道路を歩いていると、突然「Sだ!」という父の声が聞こえたのです。その瞬間、手足をつかまれて担ぎ上げられ、近くに停《と》めてあったワゴン車に押し込められました。押し込まれた車の窓にはスモークが貼られており、開かないように固定されていました。私は、「また監禁されるだろう」と、毎日のように強制棄教の危険性を教会責任者から聞かされていたため、備える気持ちがありました。ですから、車内に担ぎこまれても希望を失わずに叫んだのです。

「拉致《らち》監禁です。助けてください！」と何度も叫ぶ中、車は走っていきました。拉致された場所が千住警察署のすぐ近くで、通報してくれた人がいたのでしょう、しばらくするとパトカーが追いかけてきて呼び止められ、千住警察署内の駐車場に入りました。

「これで解放される」と、私は期待しました。警察官がワゴン車のドアを開けたとき、私が「人権侵害です。拉致監禁です、助けてください！」と言ったところ、母親をはじめ、ワゴン車と一緒に走ってきた車から降りてきた壮年壮婦20人もの人々が一斉に警察官に向かって、「統一教会は悪の集団だ、これは親子の問題だ」などと喚《わめ》き立てたのです。すると警察官はすんなりと、「ああ、親子の問題ですから行ってください」と言って、ワゴン車のドアを閉めたのです。私の訴えが全く無視され、監禁場所に強制的に拘束されて連れていかれることに対し、どれだけ悔しい思いをしたことでしょう。

私は、「この国には〝信教の自由〟という人権がない。国家権力によって人権を無視された。必ずこれを乗り越えて、この国を変えていかなくては！」と決意しながら、涙を呑《の》んでなされるがまま、監禁場所に向かったのです。

連れていかれた場所は、2回目の時と同じ群馬県太田市のマンションの駐車場でした。到着すると、父兄たち約20人が待ち構えており、今度は叫ぶこともできないまま手際よく担ぎ上げられ、マンションの2階の一室に連れ込まれました。監禁を手伝うためにやってきた約20人の人たちは、私が監禁される場面をニヤニヤと、うす笑いを浮かべながら見ていました。

私は、自分の意思に反して無理やりマンションに監禁された時の悔しさを、今も忘れることができません。それは、文鮮明《ムンソンミョン》先生が無実であるにもかかわらず、西大門刑務所に捕らえられた時の場面を連想させるものでした。「あんたも私のように早く卒業することだな」と、文先生が元信者から言われた場面を思い起こさせる瞬間でした。

こうして、私は抵抗虚《むな》しく、マンションの2階に担ぎ込まれたのです。ドアのチェーンには、南京錠《なんきん》とダイヤル式の鍵が取り付けられ、簡単には開かないように細工されていました。また、2つあった窓の片方はベニヤ板で塞がれ、もう一方の窓には分厚いセルロイドの特殊な板がはめ込まれてあって、どちらも開かないようになっていました。

私は、脱出できそうもない環境を見て、精神的ストレスを感じ、怒りを収めることができませんでした。さらに、トイレのドアは鍵が掛からないように細工してあり、刃物はできるだけ置かないようにということで、フルーツナイフだけしかありませんでした。

そうした細かい工夫を見てさらに怒りが湧き、そのストレスが言葉の暴力となりました。それはやがて殴り合いに発展したので、私は取り押さえられ、手と両足を建築用資材で縛られてしまいました。その資材は、動けば動くほどきつく締まっていくものでした。手を後ろに回されて縛られたため、動くほどにやがてきつく締まり、遂《つい》には肩を脱臼してしまいました。私は脱臼したことと、その痛みを訴えましたが、それでも建築用資材を外してはくれず、御飯を食べるときも犬のように食べさせられ、風呂も手足を縛られた状態のまま、父親に洗われました。人として扱われないことが本当に悔しくて、泣きました。

監禁されてから3日間、その仕打ちは続きました。その間、妹から殴られることもあり、本当に悔しい期間でした。

清水牧師「縛ったっていい」

監禁された翌日、私が呼んでもいないのに、清水与志雄牧師が監禁場所にやって来ました。私は不当な環境の中で、一方的に話してくる牧師の話に対して、何を聞かれても感想を述べませんでした。

一方、親が「統一原理の講義をしてくれ」と頼んできたため、愛美書店でみ言《ことば》をそろえてくれるように頼み、原理講義を始めました。私は、親を伝道しようと真剣に決意し、講義案を作って、70日間で総序から再臨論までを講義しました。

途中、モーセ路程を聞き終わった父は、文先生のことを「メシヤではないかと思った」と感想を述べました。しかし、清水牧師がさまざまな家庭連合批判をしてくる中で、両親の伝道は難しくなっていきました。私は、本当に悔しい思いをしました。

その間、夢で文先生ご夫妻が何度も現れ、私を励ましてくださいました。そのような中、神様から啓示を受けたのです。優しい声が心の中で響きました。

「おまえを愛している。私の願いを叶《かな》えておくれ」

それは、ちょうど40日目のことでした。涙が止まらず、神様の愛に包まれて、力が湧いてきました。「神様の願いとは何だろう？」と思いながら、毎日を過ごしていました。

監禁されてから約3カ月がたった7月のことでした。私は長期の監禁に、極度の精神的ストレスが重なって怒りが爆発し、窓を思い切り足で蹴るようになりました。すると、分厚いセルロイド板がたわんで、窓ガラスにひびが入ったのです。それを見た両親は激しく憤り、清水牧師を呼びました。

マンションにやって来た清水牧師は土足で部屋に上がり込み、両親に対して「暴れたら縛ったっていいんだよ」とけしかけました。このように暴力をけしかける清水牧師を見て、この人は本当に牧師なのかと疑いました。

8月、私は運動不足とインスタント食品の摂《と》りすぎのせいか、尿道結石のために尿道が切れて、血尿が出るようになりました。体がどうにかなるのではないかと心配になり、私は「病院に行かせてほしい」と泣きながら頼みました。しかし、母親も涙を流しながら、「牧師の許可がないと連れていけない」と言うのです。息子の体のことを心配する母親ではありましたが、完全に牧師の指示どおりに動いている姿を見て、悲しく思うと同時に、そのように指導する牧師に対して怒りが込み上げました。

血尿が出て、痛みに耐えながら2日を過ごした後、清水牧師がアパートに来て、「親戚の人数はそろっているか？　監視ができる病院がいい」などと言いました。母の気持ちや私の健康状態に関する話は全くせず、ただ私が逃げ出すことだけを心配していました。

結局、その日も病院には行かせてもらえませんでした。数日後、親戚が勧める病院で、牧師が診察室に入ってきて私が逃げないように監視する中、診察を受けることができました。

私は、監禁から解放されるには〝偽装脱会〟しかないと思い、おとなしくしていました。すると、私が信仰を失ったと思ったのでしょう。週に一度、逃げられないように監視付きでしたが、清水牧師の太田八幡教会の「勉強会」に連れていかれるようになりました。

9月18日、太田八幡教会での勉強会に行く隙をついて、私は逃げ出しました。しかし、5カ月間という長期の監禁のため、速く走ることができず、父に追いつかれて取り押さえられました。父は、母に「牧師を呼んでくれ」と言い、通行人にも訴えたので、群馬の太田警察署のパトカーがやって来ました。

人権侵害を見過ごす警察

警察官に対し、私が拉致《らち》監禁されていた事情を話していると、清水牧師がワゴン車でやって来ました。警察官は清水牧師とも話し始めました。千住警察のとき、警察官は私の訴えを完全に無視し、父兄たちの主張だけに反応しました。ところが、太田警察の場合は、少し様子が違っていました。私は、自分の意思に反して長期にわたって監禁されており、自分の人権が無視され、侵害されている事実を必死になって訴えました。

しばらくの間、警察官は牧師と話し合っていましたが、牧師から説得されたようで、「親に迷惑をかけるな」と私に言ってきました。結局、私は警察官が護衛する中、監禁されていたマンションまで再び連れていかれたのです。

偽装脱会の隙を見て逃げ出し、失敗して再び捕まってしまったため、私は次の偽装脱会がさらに困難になるものと考え、あえておとなしくせざるを得ませんでした。

マンションの部屋に入れられたとき、私は警察官に質問しました。「あの窓を見てください。ベニヤ板がはめられ、開かないようになっていますが、これは監禁ですよね」。そう訴えても、警察官は「いや、これは親子の話し合いだから」と言うのです。私は、もう一方の窓に入れられた分厚いセルロイド板を示して質問しましたが、やはり答えは同じでした。

私は失望しましたが、次の偽装脱会が難しくなることを考えて、それ以上は反抗せず、次の脱出のチャンスを待とうと思いました。

11月10日のことでした。何を言われても、私が感想を一切言わずにいたところ、清水牧師が、「そろそろどうなんだ、尽きてきたようで、家庭連合批判の話のネタも（家庭連合を）やめたらどうか」と尋ねてきました。そこで私は、「やめようと思っています」と告げました。

私が脱会を決意したということで、次に横浜の戸塚教会の黒鳥栄副牧師につなげるということになり、脱会者との面接が持たれることになりました。11月14日の夜、私は元信者との面接の時間を持ち、両親は清水牧師と話し合いをしました。

元信者は、私の3度にわたる拉致監禁に対し、「拉致監禁は犯罪だ！」と言いながら、その強引なやり方にむしろ同情を示しました。私は、内心「拉致監禁は犯罪である」と叫びたかったのですが、そのように語ってくる元信者が、私が偽装脱会かどうかを見極めようとしている可能性もあることから、「いいえ、親は愛しているから、こういうことをせざるを得なかったのです」と述べ、意に反した内容を元信者に語らざるを得ませんでした。

11月15日午前零時過ぎ、外は小雨が降っていました。私が脱会を告白した後は、玄関ドアのチェーンが、いつもとは違って施錠されずに解かれてありました。両親も安心した様子で、インスタントラーメンを食べていました。

私は逃げ出すチャンスが来たことを感じました。玄関にあったスポーツシューズを履いて、私は小走りに外に出ました。交通の手段がないため、追いかけてこられた場合、逃げ切ることができるかどうか、不安がよぎりました。すると、滅多《めった》に通るはずもない深夜の道路を車が走ってきて、近くの交差点の信号が赤となったので、目の前で停車したのです。

私はそれを見て、神様が迎えに来てくださった車だと確信し、車のドアを開けて飛び乗りました。見ず知らずの者が飛び乗ってきたにもかかわらず、車を運転していた人は「どうしたの？　友人が事故ったの？　東京まで送っていこうか」と、一方的に言ってきました。どうして〝東京〟と言ってきたのか分かりませんが、私は「はい、でも館林までで良いです。後はタクシーで帰ります」と告げ、館林まで送ってもらい、無事に監禁から逃れることができました。こうして、3度目の7カ月以上におよぶ監禁から解放され、自由を得ることができたのです。

私は、大切な両親が牧師の言いなりになり、自分で物事を考えて行動することができなくなっていた姿が、どうしても許せません。両親は、牧師から家庭連合批判を一方的に聞かされ、その話の内容のあまりのひどさに、「自殺まで考えた」と語っていました。息子のことを愛するその心を牧師は利用し、両親を威迫困惑させ、監禁を勧めているのです。

そして親は、今でも私のことを、マインドコントロールされた人間としてしか見ることができずにいます。純粋な目で、子供を見ることができなくなっているのです。私はこれから、親と和解できるように努力すると同時に、清水牧師を訪問し、親に対してどのようなことを語り、吹き込んだがゆえに、親がこんなことまでするようになったかについて、知りたいと思っています。

私が監禁中に、マンションの中で聞いた「おまえを愛している。私の願いを叶《かな》えておくれ」という神様の願いとは、この拉致《らち》監禁をなくすことであると感じています。この問題に対し、神様の願いを果たしていけるよう、これから活動していきたいと思います。

人権を無視した拉致監禁、許せない

M・S（女性）

入教5年目となった1991年、当時、広島県福山市で歩んでいたのですが、他県に住んでいた両親の言動に、反対牧師につながっているような内容が見受けられました。それから間もなくの1991年3月、両親が車で福山に遊びに来ることになりました。教会の責任者からは注意するよう助言を受けていましたが、拉致監禁に関する情報を詳細に知らなかった私は、「いざ監禁されたら、飛び降りてでも逃げてきますから」と、半ば軽い気持ちで出かけました。

父親が運転して、後部座席に母と私が座ったのですが、途中で母が、「実はきょうは、お見合いをしてほしいの」と私に話しかけました。私は家庭連合（旧統一教会）での結婚を望んでいたので、「お見合いで結婚するつもりはないから」と断りましたが、母が「そのことは分かっているけれど、親戚の勧めでどうしても断れないので、同席するだけでよいから」と言うので、仕方なく承諾しました。

連れていかれた所は、入り口がオートロックのワンルームマンションでした。部屋の中に入ると、なぜか従《いと》姉《こ》が2人おり、布カバーが掛けられた衣装ケースが隅に置かれていました。部屋の真ん中には、テーブルが一つありました。それを見た途端、〝しまった、だまされた！〟と思い、すぐに引き返そうとしましたが、時既に遅しで、ドアノブには鎖がぐるぐるに巻かれて南京《なんきん》錠が掛けられていました。ベランダ側の窓の鍵も鎖でぐるぐる巻きにしてあり、それを隠すためにリボンが飾られていました。悔しさと腹立たしさとショックとが入り混じった、何とも言い難い複雑な心境に陥りました。

すぐさま、「ここから出してよ！　こんな所にいる場合ではない！」と大声を上げましたが、両親は私の態度に動じることもなく、「これからここで一緒に勉強しよう」と妙に落ち着いた表情で私に言うのです。その両親のあまりにも落ち着いた態度が、変に不気味でした。後から分かったことですが、監禁するノウハウ（向こう側に言わせると監禁ではなく保護）や、監禁された人がどういう行動に出て、その時どのように対応すべきかを、私の監禁前に、反対牧師や拉致《らち》監禁によって離教した元教会員から、徹底して教育されていたのです。両親は、とにかく子供がどのような行動を取ろうとも、絶対に怒ってはいけないし、冷静な態度で振る舞い、一緒に勉強していくという姿勢を見せるように言われていました。

そしてもう一つ、これも後に両親から聞いたことですが、私を監禁するために乗せた車から、万が一私が逃げ出した場合、すぐに取り押さえられるよう、親戚の男性たちが数人乗った後続車が付いてきていたそうです。マンションは、飛び降りて逃げられないように3階以上の部屋と決まっており、私の部屋はたしか4階か、5階にありました。

その日から、私の監禁生活が始まりました。両親は2人とも働いていましたが、この監禁のために長期休暇を取って臨んでいる様子でした。最初の3日間は、牧師は来ませんでしたが、それは牧師に私の状況を密《ひそ》かに報告しながら、私が聞く姿勢が整うのを待っていたのだと思います。狭いワンルームに24時間、両親に監視されながらいるのですから、それだけで精神的におかしくなりそうでした。夜中にふと目が覚めても、どちらかが起きていて、じーっと私のほうを見ていました。玄関の南京錠《なんきん》の鍵にはひもを付けて、父がいつも首からぶら下げていました。私が何を言っても、「自分たちも勉強したいから、ここで一緒に勉強しよう」と、決まった答えが返ってきました。

私は1日目から断食を始めましたが、体力に自信がなかったので、いざというときに逃げられないかもしれないと思い、とにかく心身共に健康な状態で、必ずここから出ようと決意しました。

4日目に入って、ようやく牧師が来ました。当時、岡山市庭瀬にあったキリスト教会の高山正治牧師でした。年齢は40代ぐらいに見えました。感情的なタイプではなく、とつとつと話す人でした。

聖書と『原理講論』を比較しながら原理は間違いであると指摘され、写真や資料を見せられながら、文先生や文先生のご家庭の批判、教会のスキャンダルなどを毎日毎日、聞かされました。それ以外には、テレビや雑誌もなく、何の情報も入らないのです。両親は一緒に話を聞いてはいましたが、〝一緒に勉強する〟というより、〝いかに私が、家庭連合が間違いだと理解するか〟をうかがっているような態度でした。ベランダ側のガラス窓を割って逃げることを考えましたが、両親がずーっとそばにいて、何か起これば即対応する姿勢でいたので、逃げ出すチャンスがなかなか見つかりませんでした。

何日かたってから、仮病を使って病院へ連れていってもらい、そこから逃げ出すことを計画しました。牧師は「仮病を使って逃げる教会員もいるから」といって外出させるのを渋りましたが、両親のほうが折れ、病院に行くことになりました。私は個人病院ではなく、逃げ出しやすい大病院を指定し、両親と妹の3人に付き添われて、そこに行きました。

病院の待合室で3人の監視が手薄になるようにし、父と2人だけになったとき、私は〝今だ！〟と走り出しました。入り口のタクシー乗り場に行き、タクシーに乗り込んだのですが、父が必死に追いかけてきたため、タクシーの運転手が発車してくれず、とうとう父に追いつかれてしまいました。しかし、私はとっさに運転手に、〝私は監禁されています。私の名前は〇〇です。連絡先は〇〇です〟と言いながら、あらかじめ準備していた教会の電話番号を書いたメモ紙を渡しました。

治療中も、医者やそこら中の人たちに聞こえるよう、「私は監禁されています。助けてください！」と叫び続けましたが、病院ということもあり、周囲から精神異常者のように見られて、誰も取り合ってくれませんでした。治療後、病院の事務局の人に、「ただごとではなさそうなので、警察を呼びました。こちらの部屋で話をしてください」と言われ、地下の部屋に通されました。そこには背広姿の刑事が2人おり、両親とひそひそと立ち話をした後、私と話をしてくれました。私は本当の刑事かどうかを確かめるため、警察手帳を見せてもらいました。「とにかく、私は監禁されています」と彼らに訴えたのですが、「親が一緒にいて、何が監禁だ！　あんたが家を空けた数年分、今度は家にいろ！」と、逆に刑事に怒鳴られたのです。警察は事情をすべて知った上で、このような態度を取っているのだと分かり、私は唖然《あぜん》としました。

結局、再び監禁場所に戻されることになり、本当にショックでした。ですが、両親は反対牧師からの教育を受けているため、その時の対応も冷静沈着で、何事もなかったかのように、次の日からも監禁生活が続きました。

「黙って勉強しろ」とか、決して感情的に声を張り上げたり、手を出したりすることがないようにと、徹底した教育をされていたのです。

それから約1カ月、牧師と両親と私との勉強会が続きました。他の誰ともコンタクトが取れない閉鎖された空間で毎日毎日、家庭連合の批判を聞かされる中で、私は精神的に混沌《こんとん》とし始め、家庭連合に戻っても信仰を続けてはいけないと思う状態にまで陥りました。ある日、「私は家庭連合を脱会します」と、牧師と両親の前で意思表示をしました。「なぜそう思うのか。話の内容のどこでそう思ったのか」と尋ねられましたが、詳細は話しませんでした。高山牧師は、「偽装脱会をする人もいますから」と半信半疑で、「村上先生に会ってもらう」と言われて、京都から村上密《ひそか》牧師が呼ばれました。村上牧師は、私が本当に家庭連合が間違っていることを理解して脱会しようとしているのかを見極めるために、2度訪ねて来ました。〝もう大丈夫だろう〟と監禁場所から解放される許可が出たので、私は家庭連合の福山家庭教会に脱会する旨を書いた手紙を郵送し、それから、荷物を福山家庭教会に取りにいきたいと希望しました。しかし、「統一教会（家庭連合）は本当に恐ろしいところで、いったん辞めると何をされるか分からないから、2度と行かないほうがいいし、誰とも会わないように」と説得されました。後日、東京から和賀真也牧師も私に会いに来ました。

私が監禁された当時から、拉致《らち》監禁によって既に離教した姉妹たちが、監禁場所へ訪ねてきていました。私が脱会してからは、私の脱会意思が本物であり、家庭連合への未練がないかどうかを探る目的もあって、毎晩のようにやって来ました。本当に家庭連合に未練がないのかどうかという心の動きは、牧師ではなく、離教したメンバーが一番よく分かるからです。家庭連合では飲酒はしないことから、元信者が「脱会したからもう禁酒しなくてもいいのよ」と言いながら、親しみの情なのか、私の脱会の意思を確かめるためなのかは分かりませんが、あえて缶チューハイを持ってきたこともありました。

私はその後、聖書を学び直してみようという思いから、そのワンルームマンションに少しの期間だけ、一人で滞在させてほしいと、両親に願い出ました。また、高山牧師の教会に通って聖書を勉強し、主日礼拝にも何度か足を運びました。しかし、家庭連合で学んだ以上に私の心を動かすものはありませんでした。主日礼拝には、「これから何を信じて、どのように生きていけばよいのか分からない」というように、生きる指針を失い、とりあえずの身の置き所を求めて来ているような、離教した人たちも数人、通っていました。

高山牧師の教会の看板には、「統一教会、エホバ（ものみの塔聖書冊子協会）などの異端問題の相談を受け付けています」と書かれていました。礼拝後は、別室に通されるのですが、そこには家庭連合から離れたメンバー数人のほかに、家庭連合に子供が通っていることが分かり、どうしたらよいか、と相談に来ている親御さんたちが数人いました。そこで、「家庭連合との関係を断つ環境で、時間をかけて説得するしか、子供さんが家庭連合から離れることはないですよ」という話になり、親御さんの一人が「それにはどうしたらよいのでしょうか」と深刻に尋ねても、高山牧師は「それは私の口からは言えないので」と、具体的な監禁の話は決して口に出さず、元メンバーたちに誘導させていました。そこから、具体的にどうしたら良いという話に進んでいき、「家庭連合は反社会的団体なので、絶対に子供さんを活動に荷担させてはいけない」と、父兄に吹き込むのです。そうして徐々に、監禁までしなければ、子供を取り戻せないという話になっていくのでした。

ある時、高山牧師から「統一教会（家庭連合）で今まで献金したり、物品を購入したりしたことがあれば、弁護士を紹介するから、統一教会に経済的ダメージを与えて早く潰すためにも、全額を返済してもらったらいい」と言われました。

私は約1カ月の間、精神的に整理をしながら、両親に気づかれないように家庭連合へ戻る準備をしていました。この期間にも、離教した姉妹の手記や、和賀真也牧師による教会批判の本などがたくさん持ってこられたので、全て目を通しました。しかし、私の中にある家庭連合の信仰の核心的な部分は、何をもってしても覆されませんでした。そして、両親に置き手紙を書き、家庭連合に戻ったのです。祈祷室には、私の似顔絵が描かれた色紙が立て掛けられていて、兄弟姉妹たちが私のために毎日どれほど祈ってくれていたかを実感しました。

それでも、それから1年間は、再び捕まるのではないかという恐怖心に苛《さいな》まれ、精神的に地獄のような日々が続きました。道を歩いていても、前方の側道沿いに停車している車があると、その車から人がバッと降りてきて連れていかれるのではないか、また道のどこからか人が出てきて車に乗せられるのではないかなど、いつも恐怖が付きまとうので、外に出るときはサングラスをかけて歩いていました。あの堪え難い環境に再び置かれるかもしれないという恐怖と、監禁によって受けた心の傷がなかなか拭えませんでした。

愛情が動機となり、批判的な情報のみを聞かされて監禁までせざるを得なかった両親に対しては、恨む気持ちはありません。今は結婚して子供2人にも恵まれましたが、そんな私たちに、普通の家族同様に接してくれる両親には感謝しています。しかしながら、信仰を真っ向から否定し、人権を無視した拉致《らち》監禁という行動自体は絶対にあってはならないことだと思っています。

監禁を2度も黙認した警察

M・M（女性）

偏向報道にあおられ、両親が猛反対

1987年6月のことでした。

「最近帰りが遅くなったけど、これに入っているんじゃないの?」

朝日新聞に掲載された家庭連合（旧統一教会）批判記事を読んだ母が、私にこう尋ねました。

1カ月前、家庭連合に入会願書を出した私は、どう答えたらいいか一瞬迷いました。

「怒らないから言ってごらん」という言葉に、私が「そうです」と答えると、母は手のひらを返すように「お父さんが知ったらただじゃ置かないわよ」と怖い顔をして、信仰を持つことに反対しました。その後、1年半ほど黙認状態が続きました。

両親は宗教性に乏しく、「宗教は弱い人がするもの、神様などいるわけない」と決めつけていました。私は1988年11月初旬、就職先を紹介してくださった先生と話し合い、決まっていた就職を断ることにして、翌年1月1日、家庭連合の活動に専念したい旨を両親に伝えました。以後2カ月間、両親の猛反対に遭いましたが、3月初め、両親に豊中家庭教会（大阪府）に来てもらい、教会長から直接家庭連合の説明をしてもらいました。

父が「娘を教会に預けましょう」と言ったため、89年4月1日、私は家庭連合の活動に携わることができるようになりました。その後、両親をケアするため、豊中家

庭教会の親交会の方が、私の自宅を何度か訪ねてくださいました。しかし、両親は感情的になることが多く、信仰を理解するのは難しい状況でした。

その後、私は東京の配属となりましたが、両親は91年1月頃から月一度のペースで電話をかけてくるようになりました。あるとき、「事業が大変だから戻ってきてほしい。お金が大変なんだ」と言うので、心配して3万円を家に送ったこともあります。後で分かったことですが、それは私を家に連れ戻す口実に過ぎず、お金は机の引き出しにそのまま置いてありました。

92年1月、祖母が入院し、その看病のため、1カ月ほど家に帰りました。同年6月には、3万双の国際合同結婚式に参加することを伝えるため、家に帰りました。その後、山﨑浩子さんの入信報道から始まった家庭連合および国際合同結婚式に関するマスコミ報道が過熱していきました。もともと宗教に批判的だった両親は、反対牧師、元信者、左翼ジャーナリストらが流す偏向報道にあおられ、家庭連合を目の敵にするようになりました。

そんな8月13日の明け方、夢を見ました。ある部屋のドアを開けると長机があり、そこに文鮮明《ムンソンミョン》先生が座っていました。私が向かい合って座ると、文先生が「地球に占める海の広さはどのくらいか？」と質問されるので、「7割です」と答えました。その後、文先生が近くに立っていた人に耳打ちされる場面で目が覚めました。その日、教会責任者から「祝福の相手が決まった」と言われました。相手は韓国人でした。

普通なら両手を挙げて喜ぶところですが、私はとっさに両親の顔が脳裏に浮かび、「これは大変なことになる」と身震いしました。私は、実家に帰って報告することに不安を覚えました。なぜなら、全国で拉致監禁事件が多発しており、それを他人事とは思えなかったからです。

私を伝道した人もその時、拉致監禁被害に遭っており（後で戻ってきましたが）、どこにいるか分からない状況でした。そのような事情から、両親には電話で伝え、8月25日の3万双国際合同結婚式に参加するため、韓国に出発したのです。私は帰国後、手紙で祝福について説明し、両親に報告しました。しかし、反対派の批判を真《ま》に受け、「祝福は金儲《かねもう》けの手段」と決めつけていた両親に、祝福の素晴らしさを理解してもらうのは困難な状況でした。

その後、父から電話が頻繁にかかってくるようになり、「母が自殺した」と嘘《うそ》までつく状況となりました。私は責任者と相談し、同年9月10日、家に戻ることにしました。

何とかして親を伝道しようと思いましたが、父は酒を飲んでわめき、私の話をまともに聞いてくれようともしません。挙げ句の果てに、家庭連合に電話をかけ、「娘が辞めたがっているので脱会届を送ってほしい」と勝手に電話をする始末でした。

私は、母に理解してもらおうと、家庭連合の書籍を紹介し、韓鶴子女史が来日された際には、その講演会に誘いましたが、無視されました。

私は統一原理と出合うまで、両親を尊敬できないところがありました。こんな家には居たくない、家を出るか死ぬかのどちらかにしようと思っていたほどです。しかし、家庭連合の教えを学び、両親を尊敬しなければならない、統一原理の良さを知ってもらって両親を祝福に導きたいと思うようになり、そう願って接していましたが、無視されたのです。

私は本当にがっかりしました。そして、私の家庭の状況を夫に伝えようと思い、93年の3月3日から5日まで、韓国へ行く飛行機のチケットを予約しました。

93年2月初め、母が大阪府高槻市の市民相談室に行き、弁護士から「大阪栄光教会の松沢牧師がいい」と言われて、反対牧師を紹介されたそうです。このことは、監禁中に母が話してくれました。その後、父は2月27日に祝福の話を聞くと約束し、豊中家庭教会の親交会の人と会うことになりました。しかし、それは私を油断させるための罠《わな》だったのです。

「弟が交通事故」、だまされて監禁場所へ

93年2月24日、私は両親に「7時頃帰る」と伝え、買い物に出かけました。午後8時に帰宅すると、家族は食事中でした。私が食事を始めると、電話が鳴りました。電話に出た母は、父に向かって「次男が城東警察の近くで交通事故に遭って、近くの病院へ運ばれたらしい」と言いました。その日の朝、私は弟が大学の用事で出かけると聞いていたので、大学の近くで事故に遭ったのだろうと思いました。

父が動こうとしないのを見て、私は「早く行かなあかんやろ、御飯なんか食べている場合じゃない」とせかしました。父は「車で行ったほうが早い」と、母に地図を持ってくるように頼み、その地図を私に渡して、場所を探すよう言いました。地図を調べると、城東警察署前に

東大阪病院がありました。私はこの病院に、弟が入院したものと思いました。

父が運転し、母は助手席に、後ろの座席には長男と私が乗りました。病院への道は複雑で分かりにくく、母が「そこを右、左」と指示する姿に、「よく知っているな」と不思議に思ったものです。母親が下を向いて、神経のたかぶりを抑えている様子を見せたとき、父が「大丈夫だから心配するな」と慰め、道路の看板を見ているように言いました。後で分かったのですが、このとき母が落ち着かない様子だったのは、拉致《らち》監禁計画がうまくいくかどうかを心配してのことだったのです。

大阪市城東区の東大阪病院の看板が見えると、車は右折し、どこに停《と》めようかと場所を探すふりをしながら、あるマンションの前に停車しました。

私が車を降りて病院のほうへ急ごうとすると、父が私の前に回り込み、マンションに向かって押してくるのです。体格の良い長男も私の手をつかみ、父と一緒になって背中を押してきました。気づくと、母もその後ろにいました。

私が「ここは病院じゃないでしょ?」と言うと、父が「ここなんだ」と激しく言いました。その言葉に、一瞬「病院の裏口か?」と勘違いしましたが、マンションの2階まですごい勢いで押されていったことから、やっと監禁と気づき、2階から3階まで、手すりに必死につかまりました。手を振りほどかれた私は、2階や3階のドアをたたき、家のチャイムを鳴らして助けを求めましたが、口を押さえられ、靴を履いたまま、4階の部屋に押し込まれました。私は家族からこのようにされたことで、ショックを受けました。そして部屋の中に、交通事故に遭ったはずの弟がいるのを見て、「だまされた、悔しい」という思いが込み上げました。

牧師指導のもと、監禁マンションを準備

私は、93年2月24日から6月6日までの103日間、大阪市城東区のマンションの4階に監禁されました。そこはワンルームマンションで、四畳半ほどの部屋と、仕切った隣に台所とバス・トイレが付いていました。玄関は普通の内鍵でしたが、ドアのチェーンを短くし、そこに南京錠《なんきん》を取り付け、簡単には開かないように細工してありました。もう一つ、数字を合わせて開ける鍵も取り付けてありましたが、母が老眼で、開けるのに苦労することが多く、その鍵は徐々に使わなくなりました。ベラ

ンダのガラス戸も開かないように、サッシの下のほうに鍵が取り付けてありました。トイレの鍵はかからないようにしてあり、父が「わざと壊して籠城できないようにした」と説明しました。

包丁などの刃物は、特に厳重にどこかに隠してありました。「カミソリを買ってきて」と私が頼んでも、「ダメだ」と言われました。枕は大阪栄光教会から借りたと、母が言いました。部屋には電話もテレビもラジオもありません。松沢牧師が来たとき、父が「テレビを持ち込んだらいけないでしょうか」と尋ねると、牧師は「ないほうがいい」と指示しました。

私は監禁されたとき、まず職場のことが気になりました。連絡もせずに休むのは、社会常識としてあり得ないからです。また、突然いなくなった私の代わりに誰が仕事を引き受けるのかが心配でした。父に「あす仕事があるのに、どうするのか」と言うと、父は「今朝、おまえの会社に電話をかけ、しばらく病気で休むと言っておいた」と答えました。私は勝手なことをする家族に対し、怒りが湧きました。

私は以前、監禁から脱出してきた人の話を直接聞いたこともあり、今回の監禁は短期間では終わらないだろうと覚悟せざるを得ませんでした。

強制改宗で信者獲得狙う牧師

87年に私が家庭連合に入会してから、監禁されるまでの約6年間、母は一度たりとも、私が紹介する家庭連合関係の本を読まず、拒み続けていました。それなのに、母は手のひらを返すように「今まで習ってきたことをお母さんたちに聞かせて。6年間、どんなことを学んできたの」と執拗《しつよう》に迫ってきました。これは牧師の指導でそう言わされているのだと感じ、私はその誘いに一切応じませんでした。この時、それが牧師の指示だと気づかず、両親を伝道するチャンスだと思って何でもしゃべっていたら、自分自身を窮地に追い込むことになっていたのではないかと、後から振り返って思わされました。

その夜、玄関を見にいくと、チェーンにカギが付けてあり、ドアを開けることができませんでした。敏感な母がすぐに起き、父と弟の2人も目を覚ましました。

狭い部屋で、絶えず監視の目があるため、私は全く自由になれませんでした。先が全く見えない中、私は「偽装脱会しかないのでは」と考えました。

私を伝道したIさんも、3万双の国際合同結婚式の前に監禁され、京都の船田牧師の元から無事に脱出してきた経緯がありました。しかし、私は「偽装脱会はすぐに見破られるのでは？」と不安に襲われ、気が狂いそうになりました。たどり着いた結論は、「強行脱出か、親を諦めさせるかのどちらかしかない」ということでした。

しかしそれでも、監禁が長引く可能性が考えられ、自分が精神的に耐えられるかどうか、また、脱出できても果たして結婚した夫が待ってくれているかどうか、さまざまな不安がよぎって気が休まりませんでした。

監禁後、数日して、日本ホーリネス教団大阪栄光教会の松沢力男牧師と元信者がやって来るようになりました。7人対1人になることも多く、私は牧師に、「話し合いが必要なら、自分からあんたの教会に行ってやる。統一教会（家庭連合）の人がこんなやり方（監禁）で統一原理を学ばせたことはない。私は自分から喜んで学びに行った。統一原理を勉強するというなら、同じ数の統一教会メンバーを呼ばなければフェアじゃない」と抗議しました。

監禁された環境の中で唯一の希望となったのは、松沢牧師が「統一教会から出している本は何でも読ませたらいい。そうしたら統一教会の間違いが分かるようになる」と言った一言でした。松沢牧師はこの時、10人連続で家庭連合信者を脱会させることに成功し、その元信者たちを自分の教会信者にしていこうとしている最中でした。脱会させたことを自慢げに話す牧師でしたが、このような卑怯《ひきょう》なやり方で信仰を棄《す》てさせ、自分の教会信者を増やそうとしているキリスト教に失望し、怒りが込み上げてきました。

私は、家に置いてあった家庭連合の出版物である『御旨《みむね》と世界』や『御旨の道』、反対牧師対策のための書籍を、弟に持ってくるよう頼みました。そして、どの本に反対牧師の批判に対する答えが書いてあるのか、相手に分かってはいけないと思い、布団をかぶりながらレポート用紙に書き写しました。空いている時間はすべて勉強に費やしました。これまで、このような勉強をしてこなかったことを悔い改めながら、真剣に取り組みました。

それから40日間、朝起きると、自分が何も変わっていないかどうかを自然にチェックするようになっていました。そして、何も変わっていないことが分かると、奇跡でも起こったかのように神様に感謝しました。いつ自分が、マンションにやって来る元信者と同じ気持ちになってしまうとも限らない、霊的な闘いでした。絶対に私の心にサタンを侵入させてはいけないと思い、今までの信仰を振り返りながら、教会の兄弟姉妹と葛藤した内容などを悔い改めました。

父からの暴力に〝死の恐怖〟

元信者が次々とやって来て、脱会を強要しました。彼女たちは、監禁を保護と称し、「脱会後は大阪栄光教会でリハビリするのだ」と言いました。私は、まるで病人扱いです。元信者のTさんは、私が何を言っても受け付けないのに、監禁された状況を感謝するように私に強要し、「今まで話せなかったことを、何でも話したらいい、ここはそういう所なのよ」と言いました。

彼女は、私と教会責任者との信頼関係を壊そうと意図してでもいるかのように、かつて彼女が責任者からきつく言われて恨んだ内容を、いかにも家庭連合の人は不遜《ふそん》な人たちばかりだという印象を与えながら話してきました。

また、松沢牧師は、84年に世界日報の元幹部であった副島氏が暴漢に襲われて負傷した事件に関して、まだ犯人が特定されてもいないのに、「統一教会員がやった」と決めつけ、Tさんは「圓和道の団体は統一教会のテロ組織だ」などとあり得ないことを言って、家庭連合を恐ろしい集団であると話しました。

これらの話は、何も知らない親の不安をあおり、家庭連合を悪の組織に仕立て上げ、自分たちが監禁して脱会させていることを正当化させるものでした。私が反論すると、松沢牧師は怒鳴り散らし、家庭連合の悪口ばかりを言いました。私が逃げないよう、監視役に徹する親の姿を見て、私はまるで親を人質に取られているかのように感じ、本当に悲しくなりました。私が「ここから出たら訴えてやる！」と言うと、松沢牧師は「訴えられるものなら訴えてみろ、俺は最高裁まで行った男だ。その代わり、君も堂々と出てこいよ、俺は怖くない」と脅しました。

父は毎晩お酒を飲み、「統一教会をやめないなら、絶対にここから出さない。6カ月過ぎてやめないなら、精神科病院に入れる。お父さんはヤクザと付き合いがある。統一教会の奴《やつ》らがおまえを連れ戻しに来たら、ヤクザを呼んで蹴散らしてやる。責任を取るときは指を詰めろ。おまえに先に死んでもらうかもしれない」などと脅迫し、暴力を振るいました。その姿は、まるで何かに取り憑《つ》かれているかのようでした。

このような状態は、松沢牧師が帰った後、毎晩続きました。家で反対していた時より激しく殴られました。私は本当に殺されるかもしれないという恐怖感に襲われ、包丁を探し出し、一晩抱いて寝ました。「ここから解放されるのは、私が瀕死《ひんし》状態になったときかもしれない」と深刻になりました。翌朝、母が包丁（注：包丁といってもプラスチック製で、よく切れない包丁）がないことに気づき、弟と一緒になって取り返そうと引っ張り合いになる中で、弟がケガをしてしまいました。弟を傷つけたことに私は責任を感じ、最後の手段として、ツナ缶のふたを隠し持ちました。もし自分の身を守るのにこの方法しかなくなったときは、ツナ缶のふたで手首を切るつもりでした。

閉鎖された環境で、すべての人から批判され、信じるものすべてを奪おうとしてくるのですから、本当に苦しく、この環境から抜け出たくて仕方がありませんでした。

そんな中で夢を見ました。修練会の班長が出てきて、「『本性で暮らす』の何ページ何行目に書いてあるでしょう！」と叱られたのです。翌日、元信者に頼んで『本性で暮らす』という本を持ってきてもらい、夢で教えられた部分を読むと、批判されてきた内容の答えが載っていたのです。また、文先生が弟子を従えて歩く姿も夢で見て、励まされました。

そうかと思えば、ゾンビのような悪霊が私に覆いかぶさってこようとするので、それを思いっ切り刀で突き刺したのに、すぐ2体目のゾンビのような悪霊が現れて襲ってくるので、必死に刀で突き刺すという恐ろしい夢も見ました。

監禁を黙認する警察に失望

監禁されて20日がたった頃、セールスの人がブザーを押しました。私は玄関まで走り、「助けて！」とドアをたたきました。その人はすぐに警察を呼んでくれましたが、私は弟に押さえつけられ、部屋の中で大騒ぎするだけでした。そして、母が外で警察官に「親子問題です」と説明すると、警察官は帰ってしまったのです。

父は「わざと警察の近くでやった。そうすれば95パーセントの人が脱会するそうだ」と言いました。その言葉で、牧師たちの指導を受けているのがよく分かりました。わざと警察の近くに監禁場所を設けるのは、警察も助けてくれないことで、信者が絶望するなど、心理的効果を狙ってのことなのでしょう。

監禁30日目頃から、松沢牧師の顔色が悪くなり始めました。ある日、元信者だけで来たので、私は「聖書批評学」が指摘する聖書の矛盾点について質問しました。元信者らは、福音派の松沢牧師から「聖書は一字一句間違いない」と教えられていたことを覆されて戸惑っている様子で、返答ができないまま帰りました。その後、松沢牧師がやって来て、苦し紛れの回答をしました。

監禁35日目頃、ついに松沢牧師が胆石の手術のため入院しました。牧師が入院したことから、私は「監禁から解放されるかもしれない」と期待に胸を膨らませました。しかし、その期待は裏切られました。Tさんが、高澤守牧師（単立・キリスト教神戸真教会）を新たに私の監禁場所に連れてきたのです。親が頼んだ牧師が来られないのなら、それで終わるのが普通です。別の牧師が来たことに、私はとても落胆しました。

高澤牧師はその時、90日間の自動車免許停止期間中で、大きなバックに家庭連合批判の資料を詰め込み、神戸から電車でやって来ていました。高澤牧師は統一原理がよく分かっていないのに、「自分は反対牧師を21年やってきたから、完成級の反対牧師だ」などと、やたらと統一原理の用語を使いたがる牧師でした。

そして「文鮮明の戸籍謄本、36家庭（祝福家庭）のリスト、統一教会（家庭連合）を脱会した人の文章、昔の『原理解説』も持っている」と自慢し、「去年は24人、おととしは21人、統一教会をやめさせた」と話しました。高澤牧師は「力ずくでも脱会させるぞ」という雰囲気に満ちており、教理批判よりもスキャンダラスな話題を得意として、卑劣な話をしました。そして「あんたのほかに今、同時に5人やっている」といって、他の監禁場所をかけ持ちして回りながら、そこのメンバーが話した内容、偽装脱会して逃げた信者の話などをしてきました。

偽装脱会の話をするのは、「こういうケースもあるから油断するな」と、まるで両親を教育しているかのようにも聞こえました。また、広島や東京にも行って反対活動をしていることを自慢し、「昨日は東京に行き、弁護士集会に参加してきた」と言いました。私が「弁護士の中に山口、東澤という人がいるでしょう」と言うと、牧師は「東澤っていうのは知らないけど、山口広っていうのと伊藤っていうのがいる」と言いました。そして「自分は統一教会から命を狙われている。2回も襲われた」と言い張る、被害妄想家でした。

高澤牧師から文先生の誹謗《ひぼう》中傷を毎日、平均3時間ほど聞かされましたが、牧師は私が反論すると大声で怒鳴り出し、祈祷もせずにさっさと帰って行くことがよくありました。

私は監禁から逃げ出すチャンスはないかと必死でした。監禁43日目頃、玄関の内鍵を外し、ドアのわずかな隙間から助けを求める手紙を投げました。無謀な賭けでしたが、階段を通った人が手紙を読んでくれるのを期待したのです。ところがそれが父に見つかり、さんざんたたかれました。父はその手紙を高澤牧師に見せ、牧師は「まだ逃げようと思っているのか」と怒鳴りました。脱会するまで続く無期限の監禁を、牧師は「話し合いだ」と言い、夫に連絡さえ取らせないようにしておきながら、「婚姻届は後で訴訟を起こし、ちゃんと無効にすることができる」と平然と言ってのけました。私の心は深く傷つきました。

手紙のことで大騒ぎした3日後、たまたま住所を確認し、記入するために警察官が訪問してきました。その時は、私と母の2人きりでした。私は警察官に「助けてください、監禁されています」と騒ぎました。警察官は「落ち着いてください、部屋の中でお話を伺います」と言い、部屋の中に入って私の話を聞いてくれました。

私は、「親子の話し合い」と言っているけれど、実際には牧師や元信者が介入して来ていること、約2カ月近くも一歩も外に出られないことを訴えました。警察官は「家族だけで話し合うのが一番です」と言い、私が連絡を取りたい住所と電話番号（豊中家庭教会の住所と電話番号）を聞いて、母からも父の連絡先を聞いた上で、「上司と相談し、また来ますから騒がないでください」と言って帰りました。私は、監禁から解放される方向に進むのではないかと期待しました。

ところが、連絡は父のほうにだけ行ったようです。城東警察署に呼ばれた父は、そこで一方的に事情を話し、警察官は「宗教問題に口を挟むことはやめます」と言ったとのことでした。密室の中で悲惨な事件が起きてもおかしくない状況下で、2度も警察官が来たのに助けてくれなかったことに、私は本当に失望しました。

親の不安をあおり、監禁を継続させる牧師

ある時、私が騒いだせいか、マンションの大家さんが来て、「出ていってくれ」と言いました。ところが、それさえも父に言いくるめられてしまいました。誰が来ても、何が起こっても監禁から解放されないのを見て、私

は「どうにでもなれ！」という自暴自棄の思いに襲われました。カーテンに火をつけ、騒ぎを起こせば、ここから出ていけるかもしれないとも思いました。しかし、マンションの住人に被害が及ぶし、また「家庭連合の人間はこういうことをする」と悪く言われることを思うと、それも悔しくて、思いとどまりました。

監禁55日目を過ぎて、私が少しおとなしくなったためか、日中は母と2人になるようになりました。私は、母を暴力的にでも押し倒し、出ていこうかと思いました。普通ならば思い浮かばない考えが、自然と浮かぶような異常な環境だったのです。

私は、神様に必死に祈りました。高澤牧師が家庭連合批判をして帰った後、たまらなくなり、壁をたたいて泣きながら、文先生がメシヤであることを大声で証《あか》し続けました。そうすることでしか、自分の気持ちを抑えることができませんでした。壁をたたくうちに、右手がグローブのように青く腫れ上がり、力が入らなくなりました。内心「これで母に暴力を振るうことができなくなって良かった」とも思いました。

監禁80日目頃、家庭連合をやめようとしない私に父がいら立ち始め、母が買い物に出かけている間に、父から殴られました。私が後ろに倒れた拍子に、ベランダの出入り口のワイヤー入りのガラスが割れました。それから20分間ほど、髪の毛を引っ張られ、蹴られ続けました。密室で暴力を振るった後で、父は「あと2週間だ、あと2週間でやめてやる」と言いました。私は「詫《わ》び状を書け」と言われ、書かされました。買い物から帰って来た母は、「それならあんた（父）が牧師に連絡しなさいよ」と言いました。

翌日、父が松沢牧師に連絡を入れ、私は「これでようやく解放される」と思いました。ところが父は、松沢牧師から説得され、約束を撤回したのです。

その翌日、高澤牧師が来たとき、私は母に、「松沢牧師に何て言って電話したの」と聞きました。すると母は、「牧師さんが来てくれないけど、どうなっているんでしょうかと聞いただけ」と言いました。マンションの外に元信者Tさんのお父さんも来ていたようで、私の父に対し、「脱会説得（監禁）を諦めたらいけない」と説得していた様子でした。私は「あと2週間」と言った父の約束が、私とは関係のないところで話し合われ、完全に覆されたことに失望しました。

高澤牧師は「この家は、弟さんが大学へ行ってお金が大変だから、うちの教会の人に頼んだら、みんな心の優しい人達ばかりだから、（監禁のために）支援金を出してくれるよ。それで1年でも2年でも、分かるまでやったらいい」と言い、これまで4回監禁されてやっと脱会した元信者の話や、10回監禁されてやっと脱会した元信者の話をして、私か逃げても何度でも監禁をやると言ってきました。

そして、高澤牧師は「今この子を外に出したら、さっさと韓国へ行きますよ。統一教会はそうなっているんだ」と両親の不安をあおって、さらに監禁を続行させようとしました。私がたまりかねて、「あなたはうちの家を和解させに来たのか、分裂させに来たのか、どっちなんだ」と言うと、高澤牧師は「どっちでもない」と言い返すのです。私は身も心もボロボロでした。

監禁90日目頃、高澤牧師の奥さんが手術のため入院しました。それで高澤牧師は来なくなりましたが、その代わりにTさんが尾島淳義《あつよし》氏を連れてきました。尾島という人物は、家庭連合関係の本をたくさん読み、粗探しばかりしている人でした。

尾島氏は、西日本福音ルーテル教会の青谷教会信徒ですが、自分の教会を「クルーテル教会」「ルーシェル（悪魔）教会」と言うような人でした。そして「今の統一教会問題は、既成教会が問題（原因）です」と言いました。「どうしてそう思うのか」と聞くと、尾島氏は「キリスト教会は、統一教会の人が訪ねてきても、異端視してシャットアウトする。牧師だからといって心が広いわけではない。自分の教会と統一教会とどちらが魅力があるかと比べると、とても自分の教会に人が来てくれるとは思えない」と言いました。そして、「人がたくさん伝道される統一教会がうらやましい。私はビデオセンターにも行ったことがある」と言いました。どういう動機でそんなことを言うのかは分かりませんでしたが、とにかく屁理屈《へりくつ》をたくさん言ってくる人でした。

私は尾島氏の批判を聞き、「自分たちの教理が正しいと思っているなら、自分たちの教理を人に広めて伝道したらいい」と言い返しました。そして、「文先生に一度でも会われたことがありますか？」と尋ねました。尾島氏は「一度もない」と答えました。高澤牧師にも同じ質問をしたことがありましたが、やはり「一度もない」と言っていました。一度も会ったことのない人が、なぜ信者も知らないようなことを「知っている」と平気で言い、人を批判することができるのでしょうか？　監禁した家庭連合信者に対し、文先生を不信させるための誹謗《ひぼう》中傷をさんざん聞かせ、脱会すれば自分の教会信者にしようとするこれらの人たちは本当に、偽善者だと思いました。

監禁100日目頃、私は新約聖書を読み続けていく中で、イエス様の歩みが文先生の路程と重なっているように思えました。それを高澤牧師に伝えると、「あんたと同じようなことを言っている奴《やつ》がいる」と言って、『統一教会の正統性』という本を取り出し、半分ぐらいまで読んだと見せびらかしました。

監禁103日目、隙を見て脱出

監禁102日目の夜遅く、父がお酒を飲んで帰ってきました。お酒の臭いとニンニクの臭いが狭い部屋に充満し、一晩中眠れませんでした。翌朝は日曜日で、私は早朝5時にお祈りをしようと、換気扇を回しました。5時40分頃、母が「Mが、かわいそうじゃないの」と父を叱《しか》って、牛乳を買いに行きました。日曜日、母は自宅に帰って掃除をするようにしていたので、牛乳を買って帰ってきたら、またすぐ出かけるつもりだったのでしょう。内鍵だけを締めて、いつも取り付けるチェーンは外したまま、冷蔵庫を開けたり閉めたりしながらパタパタと動いていました。

私は、母がこのままトイレに入ってくれないだろうかと思い、寝たふりをして見ていました。すると、本当にトイレに入ったのです。「今しかない！」と思って父を見ると、父は寝ていました。私は急いで玄関に行き、内鍵を開けてそこから裸足《はだし》のまま、後ろも振り向かず、一目散に猛ダッシュで階段を駆け下りました。階段を下りるとき、ずっと部屋に居て歩いていなかったために、足が萎えていることが分かりました。慌てて走ったため、右足をひねりましたが、その痛みをこらえながら道路に飛び出し、50メートルぐらい走ってから、路地に隠れました。すると犬が吠《ほ》え、住宅街に犬の鳴き声が響き渡りました。「これはまずい」と思って塀を乗り越え、あるマンションの1階の廊下に出ました。私が片っ端から各部屋のチャイムを鳴らしたところ、真ん中の部屋から女性が出てきました。私が「すみません、電話を貸してください」と言うと、中から若い男の人が顔をのぞかせ、「いいですよ」と言ってくれたので、中に入りました。私が監禁されていたことを説明すると、「教会の人以外は絶対ドアを開けない」と言ってくださり、外から見えないように、カーテンも閉めてくれました。

その家の方は本当に良い人で、私に良くしてくださいました。見知らぬ人に優しくされ、それまでの苦しかった環境が嘘《うそ》のように思えて、神様の愛を感じました。しばらくすると、豊中家庭教会の親交会の人が迎えに来てくださり、私はやっと自由になれたのです。

"親子問題"を盾に拉致《らち》監禁を正当化

監禁から脱出した後、私は閉所恐怖症になりました。また、監禁される悪夢を何度も見ました。閉鎖された環境で脱会を強要され、婚姻まで無効にされるという恐怖心は、そう簡単に消えるものではありませんでした。しかし時間がたつにつれ、両親に対しても、徐々に怖がらずに接することができるようになってきました。それはひとえに、今の夫のおかげであり、夫との間に生まれた子女のおかげです。

私への拉致監禁の実行は、直接的には家族が行いました。しかし、家族だけの知恵では到底考えられないほど、それは緻密《ちみつ》な計画に基づいたものでした。両親が松沢牧師や船田牧師らが行う拉致監禁相談会に行き、そこで牧師や元信者から助言や指導を受けた上で、拉致監禁を行ったことは明らかでした。家庭連合に対する悪いうわさを聞かされ、真実かどうかの裏づけも取れずにそれを信じ、ただ心配する家族の心理をうまく利用されて、親は拉致監禁を行っているのです。

そして、牧師らは拉致監禁による強制脱会を「親子問題」にすり替え、法の枠をうまくすり抜けながら、公然と行い続けているのです。

人生の大切な3カ月半もの期間を監禁によって強制的に奪われ、仕事も奪われてしまいました。家庭連合の信仰を棄《す》て去るまで、何度でも執拗《しつよう》に拉致監禁が実行されるような世の中では、あまりにも恐ろしく、安心して暮らせません。

私は、自宅で話し合いをするように何度も提案しました。しかし、私の意見は牧師らによってすべて無視されました。このような体験をしたのは、私だけでありません。何人もの家庭連合信者が同じ拉致監禁被害を受け、信仰を捨てるように強要されているのです。

また、家庭連合信者の中には、現在も家族が反対牧師につながっているため、監禁される恐怖心から帰省することも、住所を教えることもできず、精神的苦痛を受けている人がいます。

拉致監禁は人の幸せを奪う恐ろしい行為です。この拉致監禁被害が一刻も早く日本からなくなることを願ってやみません。

桧田《ひのきだ》仁《ひとし》議員「警察は見て見ぬふり」
田中警察庁長官「親族間でも厳正に対処」

平成12年4月20日、衆院決算行政監視委員会での質疑応答要旨

衆院決算行政監視委員会で平成12年（2000年）4月20日、桧田仁・自民党衆院議員（当時）が人権侵害・信教の自由に関する質問を行ったのに対し、警察庁の田中節夫長官（当時）は、「拉致《らち》監禁、暴行傷害などの事件については、たとえ親子、親族間であったとしても、例外なく法の平等のもとで厳正に対処する」と語りました。国会において、拉致監禁問題が本格的に議論されたのはこれが初めてです。質疑応答の要約を掲載します。

●**桧田仁議員**　捜査権を行使する警察のトップとして、捜査権とは憲法第14条の、何人といえども法のもとに平等、並びに憲法第20条の信教の自由を何ら侵すものでもないと判断しているが、いかがか。

○**田中節夫・警察庁長官**　すべての警察職員は、日本国憲法及び法律を擁護し、不偏不党かつ公平中正にその職務を遂行する旨の服務の宣誓を行っている。信教の自由及び法のもとの平等について、警察活動がこの憲法の規定を損なうようなことがあってはならないことも当然だ。

●**桧田氏**　拉致、監禁、暴行、傷害罪など刑事罰行為に触れる行為は、例えば親子や夫婦なら問われないということがあるか。

○**田中長官**　正当防衛や緊急避難、また14歳未満や責任能力を欠く者の行為である場合、有罪認定に足る証拠が得られない場合などは、罪に問われない。だが、親子や親族であっても、刑罰に触れる行為があれば、何人《なんぴと》に対しても法と証拠に照らし、厳正に対処する。

●**桧田氏**　その当たり前のことが日本で行われていない。昨年のアメリカ国務省国際人権報告書1999年版に、警察が組織的に拉致、監禁、暴行等傷害事件を取り締まらないと報告され、日本の警察が国際社会からも信用を失墜しかねない、極めて重大な事態になっている。また、

１９９2年には全米警察署長会議が、世界中のたとえ何人といえども拉致監禁は違法とし、犯罪抑止を努力すると決定している。ご存じか。

○**田中長官**　警察署長会議のほうは知らないが、米国国務省の報告は知っている。具体的には、統一教会（家庭連合）の会員から、警察は統一教会信者に対する強制改宗問題に対して何ら救済措置を取らないとの訴えがあり、また、統一教会信者が親族によって拉致監禁された場合、警察がそれを取り締まらないため、被害者に対する恣意的監禁の期間が長引く結果となっていると主張している旨の記載は、承知している。ただ、警察としては、いかなる事案でも、刑罰法令に触れる行為があれば、法と証拠に照らし、厳正に対処しており、今後とも同様の考え方で対処する所存だ。

●**桧田氏**　自分たちでリンチに当たるものを行って罰したり、拉致監禁したり、傷害を起こしたりすることは、絶対許されないことだと思うが。

○**田中長官**　法治国家において許されないことだ。

●**桧田氏**　拉致監禁に警察が関与し、また了解しているという、証拠をきょう提示する。平成10年5月16日に拉致監禁をした犯罪者は、計画書を作っている。自筆のものを持っている。何月何日どうこうすると書いてあり、また本人が騒いだ場合どうする等、詳細に書いてある。しかも、この書類を平成10年5月14日に、石川某が昭島警察へ事前連絡して了承をもらうような書類を作り、しかも実際に行っている。警察が承知で拉致監禁したということがあるのか。

○**田中長官**　警察が具体的に関与して犯罪行為が行われるということは、私どもは承知していない。

●**桧田氏**　平成9年6月7日に鳥取市で、40年間、鳥取警察署に勤めた者が、現職の税務署職員と一緒になり、元警察官も5名程度加わって、約20名でスタンガン、鉄パイプ、チェーン等で武装し、（統一）教会を襲撃して4名に暴行傷害罪を起こしている。この者たちが逮捕も捜査もされていないのは、40年も勤めた警察官が武装襲撃をした事件だから、見て見ぬふりをしたのではないかと勘ぐっているが、いかがか。

○**林則清・警察庁刑事局長**　スタンガン、鉄パイプ等を用いたという点は、鳥取県警の捜査では認められなかった。だが、多人数による犯罪は看過できない。鳥取県警は、関係被疑者6名について、建造物侵入や傷害罪で鳥取地方検察庁へ書類送致した。

●**桧田《ひのきだ》氏**　被害者の側が、1年間は何の捜査もされず、そして本人を拉致《らち》して姫路へ行く国道ルートに対して何らの緊急配備もしなかったと主張している。警察に事前に連絡されたのではないか。

○**林局長**　現場の警察官は、事情聴取をし、実況検分も行っている。鳥取県警は、発生時に110番通報で本件を知り、約2時間緊急配備を行うなど、被疑者や女性信者等の発見に努めたと聞いている。

●**桧田氏**　この被害者は、1年3カ月拉致監禁されていて行方不明だった。その後、東淀川警察署に助けを求めて相談に行っている。ところが、これを警察庁に相談すると、被害届が出ていないという。本当か。

○**林局長**　女性信者の代理人である弁護士が、相談のため大阪府警のほうを訪ねている。女性信者からの被害申告の意思とか被害状況を確認した上で、適切な対応を行っていると承知している。

●**桧田氏**　警察庁に問い合わせたら、東淀川警察署は被害届が出てないという返事だった。

ここに平成11年6月14日付の被害届の写しを見せる。これは偽物か。

○**林局長**　提示された被害届については確認していない。

●**桧田氏**　とんでもない話だ。こちらがお願いしたから、大騒動になった。しかも、うまく言えば分からないだろうと思って、被害届は出ていないという報告をした。発言を訂正すべきだ。

○**林局長**　この弁護士は、当人から委任状をもらっており、即被害届ではなくて、書類を置いていくので、監禁事件として検討してもらいたいということだった。その後、連絡はなく、平成11年11月1日、突然、配達証明郵便で平成9年6月7日に起きた民事損害賠償請求事件の鳥取事件での判決資料を送付してきた。

●**桧田氏**　拉致監禁事件は親告罪か。本人は1年3カ月も拉致監禁されているのに、（親告が）要るのか。

○**林局長**　親告罪ではない。

●桧田氏　「鳥取事件」は鳥取地検に送致されているが、担当検事はこんなものは逮捕しないと言っていると聞いている。こんな態度で本当にいいのか。

○古田佑紀・法務省刑事局長　担当検事は、本件は被疑者の逃亡のおそれが考えられないので、逮捕は現在のところ考えていない、微妙な事件なので慎重に捜査、判断する、と答えたと聞いている。

●桧田氏　伝聞だが、担当検事は住居侵入、業務妨害、器物破損、暴行傷害の被害を受けていても絶対に逮捕しないと言っているようだが、刑法第１９４条の特別公務員職権濫用罪にならないか。

○古田局長　一般論として、公務員職権濫用罪が成立するには、職権を乱用して、義務のないことを行わせるか、あるいは行うべき権利を妨害したということが必要だ。

先の検事の発言は、被疑者の逃亡等のおそれが考えられる事件ではないと思うので、逮捕は現在、考えていないと話したと承知している。

●桧田氏　きょう、質問する理由の第1は、米国が危惧しているように、日本で警察権は法のもとに平等に行われていないのではないかという点。２番目は、この問題は実は20年来、1年間に約３０００人程度を組織的に、親の気持ちとは別に拉致監禁している集団があるからだ。

私が1年3カ月行方不明になっても、調査をしないのか。この組織的拉致監禁集団は、一部の牧師などが組織的に全国でやっている。ある意味では、国家に対する、警察に対する重大な挑戦だと思うが。

○田中長官　全国のいくつかの県警察において、統一教会の信者から被害申告あるいは相談がなされたということは承知している。国民の生命、身体、財産の保護を任ずる警察としては、今後とも刑罰法令に触れる行為があれば、法と証拠に照らし、厳正に対処する。

●桧田氏　国民の人権が侵されるのにもかかわらず、警察が見て見ぬふりをしたり、あるいは拉致監禁されてもそれを追わない。ましてや警察関係者が関与していることを放置しているということは、大変重大なことであり、国家への重大な挑戦だと思う。こうした事件が起きて20年、そして被害を受けた者約４０００名。しかもみな大人だ。どうか、何人《なんぴと》といえども日本国民は法のもとに平等で、身の安全を守られ、信教の自由を享受し、生きられるように要望する。

第四章

反対派の悪辣《あくらつ》な手口

序

1966年、故・森山諭《さとし》牧師（日本イエス・キリスト教団荻窪栄光教会）の主導によって、家庭連合（旧統一教会）信者に対する最初の強制改宗事件が起こりました。

翌年7月7日、朝日新聞が「親泣かせ原理運動」という批判キャンペーンを開始。その報道に不安をあおられた親族が森山牧師とつながって指導を受けたため、拉致《らち》監禁事件が多発していきます。

反対派から指導を受けると、親族はさらに不安をあおられて、結局、反対牧師や元信者、脱会屋と協力体制を組みながら、家庭連合信者に対する強制棄教に取り組むようになります。

脱会説得をするには聖書等に関する専門的知識が要るため、家庭連合信者を子に持つ親は、脱会説得を専門に行う牧師や元信者につながって、約半年から数年間教育を受け、我が子の脱会説得の順番が回ってくるのを待つのです。

このように長年、拉致監禁による強制棄教事件を主導してきた反対牧師や元信者ですが、彼らは「拉致監禁」への関与を強く否定してきました。その理由は、犯罪行為に手を染めている事実を隠蔽《いんぺい》するためです。

しかし、いくら隠蔽しようとも、真実は明らかにされるものです。1996年、神戸地裁の「青春を返せ裁判」に原告側証人として出廷した故・高澤守牧師（単立・キリスト教神戸真教会）は、その証言の中で、拉致監禁に関与してきた事実を裏づける証言をしています。

本章では、神戸地裁の高澤牧師の調書（1996年1月23日付、同年3月26日付、同年5月21日付、同年7月9日付）に基づいて、反対牧師らが拉致監禁を主導してきた事実を明らかにしています。

また、拉致監禁による強制棄教事件を主導してきた故・田口民也氏の著書『統一協会 救出とリハビリテーション』（いのちのことば社、94年9月20日）には、監禁の具体的なやり方が詳細に記述されており、拉致監禁を実行してきた父兄たちが、反対牧師や元信者の指導を受けて実行してきたことを裏づけています。この書籍は、監禁のやり方が露骨に記述されていたため、全国の書店に並んだ後、反対派が慌てて回収したという、いわく付きの書籍です。この書籍についても、本章で検討していきます。

また、本章では、かつて反対牧師から不安をあおられて我が子を拉致監禁し、強制棄教を試みた後、家庭連合に導かれて信仰を持った親御さんの証言を掲載しています。その親御さんは、強制棄教をするために、反対牧師に対して高額なお金を支払ってしまいました。現在では、反対牧師にそそのかされて我が子を拉致監禁したことを深く後悔しています。

本章を通じて、反対牧師や元信者の犯罪性を明確に理解してくださるよう、切に願う次第です。

反対派の手口

家庭連合信者に対して行われる「拉致監禁」による強制改宗事件が、１９６６年から今日まで多数発生してきました。

脱会説得を担当するのは一部のキリスト教牧師や脱会屋ですが、これまで彼らは、「脱会説得は、親に頼まれて話をしただけで、拉致監禁に関わってはいない」と主張してきました。

ところが、神戸地裁の「青春を返せ裁判」（平成四年ワ第一七三二号事件）に、原告側証人として出廷した高澤守牧師は、家庭連合信者の親族に対して子供を拉致監禁するよう働きかけていたこと、自ら拉致計画の立案・実行に深く関与し、親と密接に連絡を取り合って親を操っていたこと、監禁場所で凶器を持ち出し、信者に対話を迫っていたことなどを認める発言をしています。この高澤牧師の証言に基づいて、反対牧師の手口を明らかにしたいと思います。

1. 高澤守牧師の経歴

高澤守牧師は１９４２年、新潟県で生まれました。１９６５年に洗礼を受け、１９７２年に神戸聖書学院に入学。１９７９年に牧師資格を取得し、１９８１年、単立・キリスト教神戸真教会に赴任して、現在（注：１９９６年）に至っています【注１】。

高澤牧師は、１９７２年の神学生時代、八王子で開拓伝道をしている時に、家庭連合信者の改宗を行ったといいます【注２】。そのときは任意の話し合いで脱会させて、監禁はなかったとのことです【注３】。彼は神戸真教会に赴任してからも改宗活動に関わり【注４】、86年頃から信者を監禁して脱会の説得を行ってきました【注5】。1996年までに約200名を脱会させ脱会説得に失敗したのは20名程度といいます【注6】、脱会させた信者のうち、6~7割ぐらいがクリスチャンになり【注7】。半数が家庭連合の元信者だと語っています【注8】、自分の教会信者の130名のうち、約なお、約200名を脱会させたというのは1996年の時点での証言ですが、2009年に高澤牧師は、「これまで約800人を脱会させた」と語っています【注9】。

2. 家庭連合信者の親に対する働きかけ

①相談に来た、家庭連合信者の親に対する指導

家庭連合信者の親が、高澤牧師に相談しに来た場合、どのような指導を行うのかについて、高澤牧師は次のように証言しています。

まず、家庭連合が「社会悪」であることを話し、信者が「マインドコントロール」されていることを、親との間で確認し合っていくといいます【注10】。その際、家庭連合問題は「家庭問題」「親子問題」という側面が強いため、子供が家庭連合に通うようになった心理状況を把握してもらうための「ガイダンス」や「教育」を心掛けているといいます【注11】。そして、親に対し、信者を一定の場所に拘束しなければ脱会させる方法はないと話すのです【注12】。

もし、我が子が通っている教会が「社会悪」であり、その教会によって「マインドコントロール」されているとするなら、我が子を心配しない親はいないでしょう。しかも、その問題が子供の問題ではなく、「家庭問題」「親子問題」だと牧師から言われれば、親としては責任を感じざるを得なくなります。まさに、子を思う親心を巧みに操って、子を拉致《らち》監禁させるよう、親をそそのかしているのです。

さらに高澤牧師は、改宗説得が失敗する原因の一つとして、監禁中に信者の親が信者を解放するケースを挙げています。その親が、親子の情愛から我が子を解放してしまうのは、高澤牧師の「オリエンテーションの責任」であると証言しています【注13】。そして、「オリエンテーションの責任」とは、家庭連合の怖さを信者の親に十分教えることであると答えているのです【注14】。すなわちこれは、親に家庭連合の怖さを十分に知ってもらい、子が改宗するまで絶対解放しないよう、親を教育し

なければならないという意味なのです。

このような教育によって、「脱会するまで解放してはいけない」とあえて言わなくても、親のほうがそういう判断力を持つようになると語っています【注15】。

高澤牧師は、親に対する「教育」過程で、信者を拉致監禁するようそそのかすため、「子供は命がけで信仰しているのだから、救出するために親も命がけで」取り組まなければならないと指導します【注16】。その結果、信者の親は仕事を辞め【注17】、同居している老人を老人ホームに入れてまで【注18】、子供の拉致監禁を実行するようになります。

高澤牧師のこのような働き掛けによって、信者の親がいかに異常な心理状態に陥ってしまうかは、高澤牧師の証言によって明らかになっています。原告の母親が、子である信者をマンションに監禁した後、もし娘が再度逃げるのであれば「犯罪者」を野放しにすることになるので、娘を殺して自分も死のうと思い、いつも包丁をさらしに巻いて話し合いに臨んだと証言しているのです【注19】。

この親は、子供を「犯罪者だ」と思い込んでいます。この「犯罪者」という判断がどこから来たのかが問題なのですが、高澤牧師は、家庭連合を「キリスト教に名を借りた悪辣《あくらつ》非道な犯罪集団以外の何ものでもない」【注20】、「あれだけの悪辣な犯罪集団を、信仰という表現で片づけられるかどうか」【注21】と表現しています。

この「犯罪集団」という発言に対し、反対尋問で家庭連合側弁護士から「具体的に有罪となった刑事事件を何か知っているのか」と質問されると、的を射ない返答をした挙げ句、「そのへんのところは私も専門家ではないのでよく分からないんですが」と答え、「物理的な世界ではなく心の世界で罪を犯していることが大きい」と述べています【注22】。その返答に対し、「そのようなことで犯罪集団と言うのは牧師として言い過ぎではないか」と問われると、「決して言い過ぎだとは思っていない」と開き直っているのです【注23】。このように、高澤牧師の「犯罪集団」発言は、客観的な事実に基づくものではなく、家庭連合に対する敵対感情の表明にほかなりません。こうした高澤牧師の敵対感情に基づく「教育」を受けた家庭連合信者の親が、事実を確認しないまま、家庭連合を「犯罪集団」と思い込んでしまうことは十分に考えられます。

②順番待ち

家庭連合信者の親が、その子供に対し、高澤牧師の改宗活動を受けさせるには、順番待ちをしなければなりません。現在（注：1996年）、何件の順番待ちがあるかについて、高澤牧師は証言を拒否しましたが【注24】、順番待ちの父兄が常に多数いることを認めています【注25】。

順番待ちの父兄を教育する場として、礼拝後の集会があります。集会には、子供の脱会に成功した父兄が集まり、順番待ちの父兄と話し合います【注26】。この集会に高澤牧師が出席することもあります【注27】。

順番待ちの父兄に対し、拉致《らち》監禁の順番を誰が決めるのかについて、尾島淳義《あつよし》氏（西日本福音ルーテル教会の青谷教会信者で高澤牧師の協力者）や「いろんな家族の方々」と相談し、個々の状況によって決めると証言しています【注28】。「いろんな家族の方々」というのが、順番待ちの家族だけでなく、既に信者の脱会に成功した家族を含むのかどうかは、この証言だけでは明らかではありません。しかし、脱会に成功した父兄による、順番待ちの父兄に対する教育システムが存在していることから、こうした父兄が関わっていることも十分考えられます。

順番を決める場合、考慮される「個々の状況」について、合同結婚式に参加する直前という理由は優先状況として考慮されず、むしろ合同結婚式を受けた信者が入籍をし、家庭を出発しようとしている場合が優先されるといいます。それは、家庭を持てば「洗脳されたまま」子を産むことになることなど、状況を総合的に判断した結果であるといいます【注29】。さらに、親のほうから、合同結婚式に参加する前に改宗してほしいと訴えてきても、その親の願いを鵜呑《うの》みにして早めに行動することはしないと証言しています【注30】。結局、信者に対する拉致監禁をいつ開始するかは、親よりも高澤牧師が決定権を持っていることが分かります。

結婚式を挙げた者同士が、入籍して家庭を持ち、子を出産するのは、その夫婦の自由であるはずです。ところが高澤牧師は、こうした人間としての当然の権利を妨げようとし、信者は「洗脳されている」と決めつけ、夫婦の一方を拉致監禁して夫婦関係を引き裂くのですから、これほど残酷非道な行為はありません。

順番待ちの期間は、人によって差があると答えていますが【注31】、何年間も通っている親であっても、本人との接触が持てないために拉致監禁を開始できない場合もあると述べていることから【注32】、順番待ちには数年を要することもあるようです。

3．拉致監禁の準備

拉致監禁の順番が回ってきた場合、高澤牧師は信者の父兄と、拉致する日程、拘束の場所、拘束方法を綿密に打ち合わせます【注33】。

①監禁場所の準備

高澤牧師は主尋問で、改宗活動に関して何か準備をするのかという質問に対して、特別にこちら側から準備するということはないと答えた上で、準備された場所に出向き、聖書の話や家庭連合の教義の話をするだけだと答えています【注34】。また、信者を監禁する場所の確保は誰がするのかとの質問に対し、信者の両親がすると答えています【注35】。

ところが、反対尋問では、監禁場所を高澤牧師のほうで世話することもあると証言し【注36】、さらには、保証人になることさえもあると述べており【注37】、主尋問の場合と食い違った証言をしています。これは、高澤牧師は主尋問において、拉致監禁への関与を否定したかったため、虚偽の証言をしたものと考えられます。

②拉致監禁の指導

高澤牧師は、信者を拉致監禁するに際して、協力者が必要なので親戚を多数集めるよう指導しています【注38】。高澤牧師は、岡本圭二君のような悲しい事故を防ぐため、多数の親戚の協力が必要だと述べています。岡本圭二君の事故とは、1994年2月、信者が監禁場所のマンション6階から脱出しようとして転落し、瀕死《ひんし》の重傷を負った事故を指します。この発言は、信者の脱出防止および信者拘束のため、大勢の親戚の協力が必要であるという意味にほかなりません。

また、拉致に際して「絶対に他の信者に連絡を取らせないように」と指導し【注39】、その他、家庭連合信者による奪回を防ぐため、過去の失敗例を具体的に挙げ、失敗を犯さないよう指導すると証言しています【注40】。家庭連合信者による奪回を防ぐということは、拉致した信者に対する拘束力を強化することを意味しています。

信者を車で連行する時は、親に対して「信者を絶対に外に出さないように」「車の窓を開けないように」と注意するのかとの質問に、高澤牧師は、言う場合もあるかもしれないが、自分が言わなくても父兄が分かっているので、言うまでもないと証言しています【注41】。

そして、過去に信者を車に乗せて高速道路を走行中、信者が「トイレに行きたい」というのでサービスエリアでトイレに行かせたところ、逃げられたことがあったと述べています【注42】。これは、勉強会でこういった失敗談を父兄に話しているため、あえて注意しなくても父兄は分かっているという意味なのです。

連行の途中、信者が逃げ出さないよう信者を車の後部座席中央に乗せ、両脇を親族が固めるように指導しているのかと聞かれた高澤牧師は、ここでも「父兄の方々がそれを考えて下さいますので」と答えています【注43】。

高澤牧師は、信者を車で連行する際、必ず車内に「ポータブルトイレ」を用意すると証言しています【注44】。これは、連行中の信者を絶対に車外に出さないという強い意志の表れであると言えます。

③資金調達

高澤牧師は、信者の親が拉致《らち》監禁に必要な費用を調達できない場合、尾島淳義《あつよし》氏と相談し、高澤牧師らが資金調達して、不足分を補うと証言しています【注45】。自分たちで資金調達してまで、他人の子供の拉致監禁を実行することからしても、高澤牧師の関与度合いは相当のものであると言えます。

④その他の準備

高澤牧師は、父兄と同居している老人がいる場合、老人ホームに入れるように要請することもあると述べ、実際、老人ホームに入れたケースもあると証言しています【注46】。

4．拉致監禁の実行

①拉致

高澤牧師は、信者の家族が信者を監禁場所に連れてくることを「連行」と表現しながら【注47】、監禁された信者はまず逃げようとすると証言しており【注48】、信者本人の意思に反して監禁場所に連行していることを認めています【注49】。また、大半の親が、子である信者を拘束する際、嘘《うそ》をついて実行していることを認めています【注50】。

高澤牧師は主尋問で、監禁場所に信者を連行するのは、信者の両親・家族であると答えました。ところが、反対尋問では、信者を拘束する際、高澤牧師が家族たちと何回か一緒に行ったことを認め【注51】、具体的に2件の事例に対し、その理由を説明しています【注52】。

1件目は、娘2人が家庭連合信者であった事例で、親がそれぞれの娘に対し3回ずつ、計6回の拉致に失敗していたため、高澤牧師が拉致を行っています。

2件目は、妊娠3カ月の妊婦を拘束した事例です。流産したらいけないので、高澤牧師が出向いていったといいます。しかし、妊娠3カ月はまだ安定期に至っておらず、流産の危険が極めて高い時期です。高澤牧師は、拉致された信者がパニック状態に陥り【注53】、逃げようとすること【注54】を十分承知しており、本来なら、親族が拉致監禁に及ぼうとしても、むしろそれを止めに入るべきです。にもかかわらず、単に「居場所が分かったから」という理由で拉致に及んだのは【注55】、母体と生まれてくる命に対する配慮を全く欠いた行為であると言わざるを得ません。

②監禁

高澤牧師は、家庭連合信者を監禁し、窓に工作して鍵を掛けるなど、信者の脱出を防ぐための処置を施していた事実を認めています【注56】。また、反対尋問では、高澤牧師が信者の親に対して「監視が甘過ぎる」「ドアの鍵を厳重にして欲しい」と言った事実を認めています【注57】。その理由は、親は子供と仲良くなると気持ちが緩んで、子供に逃げられる可能性があるからだと証言しています。要するに、親が監禁中の子供を解放するのは、高澤牧師にとってあってはならないことなのです。高澤牧師はその理由として、「話し合いができないままで終わってしまいますから」と述べ【注58】、監禁された子供が泣くため、親が情愛から子供を解放した事例を挙げています【注59】。

高澤牧師は父兄に対し、監禁した後、自分と連絡を密にするよう指導しています【注60】。その理由は、高澤牧師が監禁場所に居る時間が短いため、信者の様子を家族から聞き出すための打ち合わせが必要だからだと言います。さらに、一般の企業体が使っているような意味での「報告・連絡・相談」をするよう、親を指導していることを認めています【注61】。これらの証言から、高澤牧師が親を操って信者を監禁させている実態がよく分かります。

③監禁期間

信者を脱会させるまでに要する期間について、第1回尋問で、以前は長くても約1週間だったが、最近は長くかかることが当然となり、6～7カ月のケースもあると述べています【注62】。ところが、第2回尋問では、脱会までに1年近くかかる事例があることを認めています【注63】。

④監禁の理由

高澤牧師は、一定の場所に拘束する以外に脱会させる方法はないという理由から監禁しているとし【注64】、脱会するまで解放してはいけないと述べていることから【注65】、拉致《らち》監禁する理由が、信者を脱会させることにあるのは明白です。さらに、高澤牧師は監禁の理由として、家庭連合側の人による奪回防止と、信者自身が自分自身の内面を見つめ、何が真理かを考える時間を持たせるためだと証言しています【注66】。

しかし、監禁して人権を蹂躙《じゅうりん》しているからこそ、家庭連合側が奪回（救出）しに来る可能性が生じるのであって、監禁しなければ、奪回それ自体があり得ません。ゆえに奪回防止というのは、監禁理由にはなりません。また、何が真理かを考える時間を持つためと言いますが、自分の意に反して何カ月間も監禁され、改宗説得者が毎日のように対話を強要しに来る環境で、真理の探究などできるはずもないのです。一方的な情報を信者に真理と思い込ませるために監禁していることは明らかです。

⑤岡本圭二君マンション墜落事件

岡本圭二君マンション墜落事件というのは、1994年2月、家庭連合信者である岡本圭二君が監禁場所のマンション6階から脱出しようとしたところ、家族が駆けつけ、中に引き戻そうとしてもみ合っている最中、岡本君が転落し、瀕死《ひんし》の重傷を負った事故のことです【注67】。高澤牧師の証言では、岡本君は脳や肺を損傷し、医師の目から見て助からないほどの重傷であったといいます【注68】。高澤牧師は、岡本君が改宗説得を受けることを嫌がっていたこと、玄関から出られない監禁状態にあったことを認めています【注69】。なお、高澤牧師は、事故後、記憶を喪失した被害者の岡本君が、親子3人で洗礼を受けたことを美談のごとく証言していますが

【注70】、生命の危険を冒してまでも監禁から脱出しようとした被害者が、加害者から洗礼を受けることは通常あり得ません。岡本君は家庭連合の信仰を棄《す》てたわけでもないのに、記憶喪失の中で家庭連合に反対する側の教会の洗礼を受けたというのは、「美談」とは無縁の悲劇と言えるでしょう。

　高澤牧師は、岡本君の事故以前も他の牧師が家庭連合信者を拘束して説得していた最中、信者が脱出しようとマンションから飛び降りる事故があったと証言しています【注71】。しかし、高澤牧師は岡本君の事故後も、相変わらず拉致監禁をやめていません。高澤牧師には、拉致監禁のためには家庭連合信者の生命を危険にさらしても一向に構わないという認識があるものと言えるでしょう。

　なお高澤牧師は、こうした事故を防ぐために、窓から逃げないような準備をしていたと言いますが【注72】、事故を防ぐには違法な監禁をやめればいいのであって、逆に監禁を強化したと弁明するのは本末転倒です。

5．監禁中の強制改宗

①包丁を使用した対話の強要

信者を監禁しても、高澤牧師との対話に応じなければ、信者を改宗させるのは困難です。監禁から脱出した信者の中には、高澤牧師が監禁場所で包丁を持ち出し、対話を強要してきたと証言する者が複数います。家庭連合側弁護士が、こうした信者の陳述書を引用しつつ尋問すると、高澤牧師は、話し合いに応じようとしない信者に対し、包丁を持ち出して、話し合いに応じるよう迫っていた事実を認めました【注73】。以下は、ある信者の陳述書の一部です。

> 初めて高澤牧師が私の所に来た時「お母さん包丁を貸して下さい」と言って母から借りた包丁を私の目の前に置き「君は原理が真理だと思うなら私を殺してから行きなさい。君たちも命がけでやっているなら僕たちも命がけだ。さあどうだ」

高澤牧師は、この陳述が事実であることを認めています【注74】。高澤牧師の証言によれば、この女性信者は監禁されて5カ月間、一言もしゃべらなかったために、「私を殺してから行くくらいの勇気があるんだったら、それをしなさい。そうでないんだったら、話し合いましょう」という意味で、包丁を目の前に示したと証言しています【注75】。以下も、先の陳述書の一部です。

「包丁を使うのはこれが最後だ」と言って、先回母から借りた包丁より大きい包丁を自分で買ってきてそれを私の目の前に置き「君たちも真剣なら僕も真剣だ。命がけの決意で来た。私はイエス様を信じているからこの命も惜しく無い。君の態度が変わらないなら僕にも考えがある。しばらくはここに来るけれど君の態度いかんによっては神戸に移ってもらおうと思っている」と口を開かない私に対して包丁を使って脅しながら言いました。

この部分についても、高澤牧師は認めました。ただし「私の方を刺して行きなさい」ということで「脅した」わけではないと主張しています【注76】。

5カ月間も監禁された女性が、絶対に外に逃げられない状況で、目の前に包丁を出されたら、恐怖を感じるのは当然です。高澤牧師は、監禁された信者が恐怖心を抱くのを十分承知していたはずです。しかもその目的は、高澤牧師との対話に応じさせることにあります。この行為は、脅迫を手段とした強要です。「君は原理が真理だと思うなら私を殺してから行きなさい」という発言は、「私を殺さない限りあなたはここから出られない」ということにほかなりません。また「君たちも命がけでやっているなら僕たちも命がけだ。さあどうだ」という言動も、「私はあなたを命がけで監禁している」ということを意味しています。このような発言を受ければ、信者は高澤牧師の言いなりになる以外、監禁場所から出ることができないという絶望感に陥ります。岡本圭二君のように命懸けで脱出を試みようとする信者が出てくるのも当然なのです。

なお、高澤牧師は、この女性信者が5カ月間、一言もしゃべらなかったことをもって、包丁持ち出しの弁明をしようとしています。しかし、信者の意思に反して拘束していること自体が違法であり、女性の態度はその違法行為に対する正当な抗議にほかならず、非難には値しません。

②監禁場所での対話の内容

高澤牧師は、監禁場所で信者に対し、何を話しているのかについて、家庭連合の教義である統一原理と、聖書の教えとを比較しながら、統一原理の間違いを提示することだと証言しています【注77】。

そして「家庭連合の教義のどこが具体的に間違っているのか」という質問に、高澤牧師は「韓国に再臨のメシヤが現れるのが間違い」「文鮮明が再臨のメシヤであるのは間違い」「復帰摂理の教義が誇大妄想に走りがち」などと答えています【注78】。これらは、家庭連合の教えが従来の教会の教えと相違しているというだけで、「教義論争」の対象とはなり得ても【注79】、客観的に間違いだと言える内容ではありません。しかも、高澤牧師が認識しているように、文鮮明《ムンソンミョン》師がアルゼンチンのカトリック大学から名誉博士号を授与され【注80】、1995年8月に行われた国際合同結婚式に世界中から多くの宗教指導者が参加するなど【注81】、一般の教会のクリスチャンであっても、家庭連合の教えを高く評価する人が多数存在しているのです。ゆえに、単に従来の教えと異なるからといって、家庭連合の教えが間違いだとは断定できないはずです。したがって「統一原理は間違い」という高澤牧師の一方的な考えを聞かせるため、家庭連合信者を拉致《らち》監禁することなど、許されるはずがありません。

なお、高澤牧師は「統一原理が間違いである」と考えている点について、家庭連合に問い合わせたことはないと証言しています【注82】。

③改宗活動への荷担者

高澤牧師は、尾島淳義《あつよし》氏および元信者の十倉氏と協力しながら改宗活動を行っていること【注83】、高澤牧師と尾島氏はローテーションを組んで、毎日誰かが監禁場所を訪問するように計画していたこと【注84】、その他、高澤牧師の改宗活動によって脱会した元信者が、改宗活動に協力するため、監禁場所を訪れていること【注85】を証言しています。

④信者の改宗

高澤牧師は、「毎日誰かが監禁中の信者を訪問する」と証言していますが、これには、監禁された信者が自分の頭でゆっくり考える時間を失わせる狙いがあります。高澤牧師の説く教義を受け入れない限り、永遠に監禁から解放されることはないという不安と恐怖心の中で、来る日も来る日も高澤牧師らから一方的な情報を繰り返したたき込まれ、やがて信者は自分を見失うようになります。

監禁中、高澤牧師が語る統一原理批判について、家庭連合側と連絡を取り、その疑問点を質問する自由が与えられていれば、信者は脱会に至らないでしょう。しかし、そのような自由は一切与えられません。その結果、信者の中には、統一原理と高澤牧師の説く教義との狭間《はざま》で混乱をきたし、統一原理が間違いであるという錯覚に陥る者も出てきます。そうして脱会した信者は、間違った教えを真理として教えられていたと錯誤し、家庭連合に対する敵愾心《てきがいしん》を植え付けられて、反家庭連合活動に荷担させられるようになるのです。元信者が、新たな脱会活動に協力したり、家庭連合を相手に「青春を返せ裁判」などを提訴したり、マスコミに登場して家庭連合批判をするようになるのはこのためです。

⑤改宗活動の性格

高澤牧師は、1995年1月22日付「クリスチャン新聞」に、「私自身が自ら正義感が強いからとか愛があるからではなくて、一番の問題は、キリストの御名《みな》が汚されている点だ」「本当に教えそのものが、本来あるべきキリストの御名を汚されている、これが一番、私自身がこの問題に関わらせていただいている大きな原因だ」という記事を投稿しており、法廷でも、この部分を読み上げています。このことから、高澤牧師が家庭連合信者を拉致《らち》監禁する動機が、家庭連合とのメシヤ観の相違点にあることが分かります。

しかも、高澤牧師はこうした改宗活動を「伝道活動の一環としてやっている」と証言し【注86】、高澤牧師のもとで家庭連合を脱会した元信者の6～7割がクリスチャンになると証言しています【注87】。拉致監禁を手段とした方法が、正当な「伝道」であろうはずはありません。自身と異なる信仰を持つ者に、自分と同じ信仰を持たせるというのは、「伝道」というよりも「改宗」です。

また、高澤牧師は、監禁中の家庭連合信者に対して「棄教を迫ることはない」と言っていますが【注88】、信者が脱会するまで監禁から解放しないこと【注89】、信者が脱会を申し出ても、それが偽装脱会かどうか慎重に確認し、脱会していると判断しない限り解放しないことから【注90】、明らかに棄教を強要しています。

以上のことから、高澤牧師等の行為は、自身と異なる信仰を持つ者を改宗させるため、信者を監禁し、棄教を強要している「強制改宗」にほかなりません。

6. 改宗の失敗

高澤牧師は、改宗失敗の原因を挙げていますが、一番多い理由は家庭連合信者の偽装脱会であり【注91】、その他、家庭連合信者による奪回【注92】、親が子供を解放する場合【注93】があると証言しています。

監禁は極めて厳重であるため、一度監禁されれば、監禁場所から脱出することは極めて困難となります。そこで、信者はやむなく偽装脱会することとなります【注94】。ところが高澤牧師も、これまで何人かの信者が偽装脱会によって監禁から脱出したことを踏まえて、信者が脱会を申し出た場合に、それが偽装脱会か否かを見極めるため、いろいろな角度から確認をするというのです【注95】。例えば、他の信者の居場所を牧師に自発的に話すかどうかなどを見て、偽装脱会か否かを確認していくと証言しています【注96】。

なお、無事解放された信者の中で、脱会を申し出た際、高澤牧師が「そうか、もし嘘《うそ》だったら僕があんたを刺しに行くで！」と凄《すご》んだことを証言する者がいます。しかし、高澤牧師はこの件について認めませんでした【注97】。

7. 監禁による改宗後の精神的アンバランス

脱会した元信者が、すぐに普通の社会生活を送れるのかとの質問に対し、高澤牧師は「とてもできません」と証言しています【注98】。その理由として、マインドコントロールによって家庭連合の信仰を受け入れた信者は、自分で考えることを罪と教えられているため、家庭連合をやめた後も、社会復帰できないのだというのです。「青春を返せ裁判」の原告の一人も、脱会後、勤めた会社で原理思考が残っていたため勤務ができなくなり、辞めたと言います【注99】。

しかし、家庭連合信者のほとんどは、一般の会社に勤務するなどして、通常の社会生活を送っていることからして、原理思考のゆえに通常の社会生活ができないという主張は、明らかに現実と矛盾しています。この高澤牧師の主張の弱点を補うことを意図してか、原告側弁護士は、脱会した信者が社会生活を送れなくなる原因として、脱会前に正しいことだと信念を持ってやっていたことが、脱会後に社会悪ないし犯罪であると分かって、自己嫌悪や罪悪感から精神的に不安定になるからではないかと質問し、高澤牧師はこれを肯定しています【注100】。仮に、こうした自己嫌悪や罪悪感の意識から社会生活が送れなくなるにしても、それは監禁中、高澤牧師が元信者に植え付けたものにほかなりません。

狭い部屋に数カ月間ないし1年近く閉じこめられ、不安と恐怖心により精神的に不安定な状態で、一方的な情報をたたき込まれて洗脳された場合、自分で考える力を失うのは当然のことです。脱会した元信者が社会復帰できないのは、拉致《らち》監禁による洗脳という、改宗方法の異常性によるものであると言えます。

8．拉致監禁の違法性

高澤牧師が家庭連合信者に対して行っている拉致監禁は、信者の意思に反して行われているものであり、それが逮捕・監禁罪などの犯罪であることは明らかです。しかし、高澤牧師はさまざまな理由を述べ立てて、自らの犯罪行為を正当化しようと試みています。

以下、拉致監禁を正当化しようとする高澤牧師の主張を検証します。

①親の同伴

高澤牧師は、家庭連合信者に対する拉致監禁の際に、信者の親が一緒にいることから、信者に対する拘束は「拉致監禁」ではなく「保護」であると考えています【注101】。しかし、たとえ親といえども成人した子を拘束する権利はなく、むしろ子に対する逮捕・監禁罪の主体となっているため、このような論法は成り立ちません。しかも、親をして信者を拉致監禁させるよう仕向けているのは、高澤牧師なのです。親の同伴をもって拉致監禁を正当化することはできません。ただし、日本の場合、親が同伴していれば警察も手を出しにくいという風潮があるのは事実です。ゆえに親の同伴という状況は、監禁する側にとって非常に都合がいいのです。

なお、高澤牧師が、親さえ同伴すれば監禁しても犯罪にはならないと真に信じているとすれば、高澤牧師のような法律の専門家でもない者に【注102】、誰がそのような入れ知恵をしたのかが問題となります。

②家庭連合の入会・退会の自由

高澤牧師は、成年者の自由意思を尊重せずに脱会を迫るのは正しいことかという質問に対し、成年者が信教の自由を訴えてもその身柄を拘束するのは、そもそも家庭連合には入る時にも、出るときにも自由がないからであると答えています【注103】。

高澤牧師の説明によれば、入信するときに自由がないというのは、ビデオセンターなどで家庭連合の名を隠して伝道をし、家庭連合の信仰を信じられる心理状態になったときに、初めて正体を明かすという主張を弁護士や元信者が行っており、こうした点で「選択の自由を奪っている」からであるといいます【注104】。しかし、原告の一人は、勧誘されたとき、家庭連合の名前で勧誘を受けていることから【注105】、高澤牧師が、弁護士や元信者から聞かされた話が、常に当てはまるわけではありません。

確かに、一部信者が運営していたビデオセンターで、高澤牧師が言うような伝道活動が行われていたこともありました。しかし、ビデオセンターは受講生を監禁していたわけではありません。来場するか否かは、本人の自由意思に委ねられていたのです。また、ビデオ受講を通して統一原理に関心を持った受講生に対して、家庭連合のことが紹介された場合、入会するか否かも、受講生の自由な選択に委ねられていました。したがって、家庭連合に入る際に、選択の自由がなかったというのは事実に反するのです。

次に、高澤牧師の説明によれば、出る時に自由がないというのは、やめたら呪いや祟《たた》りがあると言って、強迫観念で拘束するからだといいます。しかし、高澤牧師も言うように、家庭連合の信者になる人は、高学歴の学生【注106】と、35歳から50歳ぐらいまでの婦人【注107】が圧倒的に多いのです。高学歴の学生や中年婦人が呪いや祟りという強迫観念に拘束され、自由な選択ができなくなるということはあり得ず、信者が強い信仰を持つに至るのは、あくまで家庭連合の教義および活動に対して納得したからにほかなりません。

これに対して、高澤牧師が行っている拉致監禁は、家庭連合を脱会しない限り、半年でも1年でも監禁が続くのですから【注108】、これこそ信者の自由意思を奪うものであると言えます。

③マインドコントロール

高澤牧師は主尋問で、マインドコントロールされた信者が家庭連合を自発的に脱会することは不可能と述べ【注109】、また、強い信仰を持つ信者が改宗活動を受けずに自然脱会することは不可能だと証言しています。さらに、入信した場合、後戻りできないとも述べています【注110】。

ところが、反対尋問では、任意脱会する信者が存在することを認めており、監禁して脱会説得しなければ家庭連合を脱会しないとは限らないことを認めています【注111】。結局、マインドコントロール理論というものは、何ら科学的根拠のない概念なのです。

高澤牧師は主尋問で、「救出活動」が必要であると考える理由として、前途有望な若者たちの人生がめちゃめちゃにされてしまうことを挙げています【注112】。しかし、高澤牧師のもとで監禁された信者がマンション6階から転落したり、監禁後、通常の社会生活を送れず支障をきたしたりすることを考えれば、前途有望な若者を再起不能にしているのは、むしろ高澤牧師であると言えるでしょう。

9．全国的組織

①改宗活動に携わる他の牧師

高澤牧師は、杉本誠牧師、村上密《ひそか》牧師、船田武雄牧師といった牧師が、高澤牧師と同じくらい高い割合で家庭連合信者を改宗させていると証言しています【注113】。また、高澤牧師は、家庭連合信者に対する改宗活動に携わっている牧師たちが、1980年代半ばから全国的に家庭連合信者に対する拉致《らち》監禁を始めたことを認めています【注114】。連絡を取り合って一斉に拉致監禁を始めたのではなく、偶然、同じような時期に始めたのだというのです【注115】。それ以前は、家庭連合信者の改宗に関する全国的組織が確立されていなかったが、現在（注：1996年）では全国的組織の骨組みがしっかりできていると証言しています【注116】。

②全国霊感商法対策協議会

全国霊感商法対策協議会とは、高澤牧師の証言によれば、家庭連合対策に関心を持つ全国諸団体の牧師が集まって運営している組織であり、基本的には年2回、必要に応じてさらに多数回会合を持ち、情報交換している組織です【注117】。諸団体とは、日本基督教団、日本同盟基督教団、ホーリネス教団、アッセンブリーズ・オブ・ゴッド教団など、10以上の教団であり、さらにはキリスト教以外に、天理教などが参加しているといいます【注１１８】。入会資格に制限はなく【注１１９】、会員は40人ぐらいで、実際に会合に集まるのは20人ぐらいの時もありますが、多い時は約40人集まるといいます【注１２０】。

会合の場所は、会館やホテルの一室の場合もありますが、東京で行う場合は日本基督教団・西新宿教会のフロアで行うといいます【注１２１】。会合では、家庭連合の状況や「騙《だま》されて逃げられていく」ことを防ぐにはどうしたらいいかなど、諸般の話し合いがなされるといいます【注１２２】。「騙されて逃げられていく」とは偽装脱会のことであり、これを防ぐことが議題に上るのは、脱会するまで信者を監禁から解放しないからにほかなりません。要するにこの会合では、家庭連合信者に対する監禁のための謀議が行われているのです。

こうした会合の関係者に、宮村峻《たかし》氏（会社経営者）、杉本誠氏（日本基督教団牧師）、清水与志雄氏（日本基督教団牧師）、松永堡智《やすとも》氏（日本同盟基督教団牧師）、尾島淳義《あつよし》氏らがおり、彼らはよく会合に参加すると答えています【注１２３】。いずれの人物も、家庭連合内部では改宗屋ないし改宗専門の牧師として知られている人物です。

③全国霊感商法対策弁護士連絡会（全国弁連）

全国霊感商法対策弁護士連絡会とは、主に社会党系・共産党系の左翼系弁護士で構成されている組織です。高澤牧師は、こうした弁護士組織と交流があること、吉井氏、竹島氏、松本氏という原告側代理人弁護士がいずれもそのメンバーであること、自身もこうした組織の集会に参加することを認めています【注１２４】。高澤牧師は、東京・仙台など、各所で行われる全国霊感商法対策協議会の会合が、全国霊感商法対策弁護士連絡会の１日前に同じ会場に設定して行われることがあると証言しています【注１２５】。これは、全国霊感商法対策協議会の参加者が、全国霊感商法対策弁護士連絡会の会合に参加しやすいよう配慮してのことと思われます。だとすれば、基本的に全国霊感商法対策弁護士連絡会の参加者は、全国霊感商法対策協議会の会合にも参加していると考えるのが自然です。ここでも、家庭連合信者の拉致監禁に関する情報交換が行われているとすれば、法律の専門家までもが拉致監禁の謀議に関与していることになるでしょう。

④裁判闘争における連携

全国霊感商法対策協議会の会員によって拉致《らち》監禁され、洗脳された信者が、今度は全国霊感商法対策弁護士連絡会の弁護士を紹介され、家庭連合に対する裁判の原告となったり、証人となったりするという事例が多くあります。神戸の「青春を返せ裁判」も、まさにそのような事例です。彼らは牧師の言いなりであるため、自らの意思で入会した家庭連合に対し、「奉仕活動の賃金を支払え」などという非常識な訴えも、平気でするようになってしまうのです。こうした元信者の供述や証言は、拉致監禁期間中に植え付けられた反家庭連合的な価値観と敵対感情に基づくものであるため、極めて偏ったものです。まさに裁判闘争のためにつくられた原告・証人であるとも言えるのです。

10．偽証部分

高澤牧師は牧師という聖職者であり、人を善導することを職業とする立場であるにもかかわらず、肝心な部分について、尋問のたびに証言内容を変えたり、主尋問と反対尋問とで、全く正反対の証言をしたりなど、明らかに虚偽の証言をしている部分が目立ちます。高澤牧師は、尋問の前に「良心に従って真実を述べ何事も隠さず、また何事も付け加えないことを誓います」と書かれた宣誓書を読み上げ、これに署名をしているのですから、このような証言態度はキリスト者としてあってはならないはずです。このような人物に惑わされ、今までに数百名もの家庭連合信者が改宗させられた事実は、何とも寒心に堪えません。

11．高澤牧師の犯行継続の意思

高澤牧師は、家庭連合信者に対する監禁による改宗活動を美化し、やっていて良かったと述べ【注１２６】、今後もこうした活動を続けていこうと思っていると答えています【注１２７】。

自分の信仰と異なる信仰を持つ者を改宗させるために、拉致監禁という手段を用いて信者の生命・身体を危険にさらすことも辞さない、この悪質かつ身勝手な違法行為を一刻も早くやめさせなければなりません。

■引用調書の出典について

高澤牧師の調書の引用に際して、冒頭に記されているA〜Dのアルファベットは、以下の尋問調書を指します。

A　**平成八年一月二十三日付の第一回尋問調書**
B　**平成八年三月二十六日付の第二回尋問調書**
C　**平成八年五月二十一日付の第三回尋問調書**
D　**平成八年七月九日付の第四回尋問調書**

なお、第一回、第二回尋問は主尋問であり、第三回、第四回尋問は反対尋問です。

＊引用調書の出典

【注 1】A-1頁〜4頁、
　　高澤牧師自筆の略歴書
【注 2】A-11頁〜13頁
【注 3】C-3頁
【注 4】A-14頁
【注 5】C-21頁11行〜22頁5行
【注 6】A-15頁
【注 7】A-16頁
【注 8】A-21頁3行〜5行
【注 9】C-33頁13行〜34頁4行
【注10】B-49頁7行〜51頁8行
【注11】A-59頁6行〜60頁8行
【注12】D-28頁12行、29頁、
　　30頁13行
【注13】A-19頁137〜20頁5行、
　　C-30頁2〜3行
【注14】C-28頁10行〜30頁3行
【注15】C-31頁3〜7行
【注16】C-69頁5〜7行
【注17】C-69頁8〜11行
【注18】C-72頁2〜8行
【注19】D-23頁127〜24頁13行
【注20】A-68頁1〜4行
【注21】C-36頁2行
【注22】C-36頁5行〜37頁7行
【注23】C37頁8行〜10行
【注24】C-63頁77〜13行
【注25】C-65頁10〜11行
【注26】C-65頁12行66頁4行
【注27】C-65頁12行〜66頁6行
【注28】C-64頁1〜5行
【注29】C-66頁7〜13行
【注30】C-67頁1〜7行
【注31】C-65頁8〜9行
【注32】C-67頁13行〜68頁3行
【注33】C-73頁5行〜74頁5行
【注34】B-51頁12行〜52頁5行
【注35】B-52頁6〜7行
【注36】C-71頁3〜6行
【注37】D-31頁1行〜33頁9行
【注38】C-71頁77〜72頁1行
【注39】C-74頁6〜9行
【注40】C-75頁5〜12行
【注41】D-39頁12〜40頁2行
【注42】D-40頁4〜10行
【注43】C-74頁107〜75頁4行
【注44】D-42頁1〜4行
【注45】D-48頁4〜9行
【注46】C-72頁2〜8行
【注47】A-50頁4行
【注48】C-35頁3〜4行
【注49】C-46頁117〜47頁9行
【注50】C-48頁8行〜49頁5行
【注51】D-35頁10〜12行
【注52】D-35頁137〜38頁1行
【注53】C-47頁10行〜12行
【注54】C-35頁3〜4行
【注55】D-37頁9〜10行
【注56】A-52頁137〜53頁7行
【注57】D-38頁12行〜39頁7行
【注58】C-29頁5〜7行
【注59】C-29頁10行〜30頁5行
【注60】C-75頁13行〜76頁8行
【注61】C-76頁9行〜77頁8行
【注62】A-61頁7行〜13行
【注63】B-54頁4〜7行
【注64】D-28頁12行〜29頁2行
【注65】C-31頁3〜7行
【注66】B-52頁10行〜53頁6行
【注67】C-50頁10行〜51頁77
【注68】A-38頁7〜13行
【注69】C-51頁8〜13行
【注70】A-40頁〜42頁
【注71】A-53頁12行54頁3行
【注72】A-54頁4〜6行
【注73】D-14頁117〜25頁12行
【注74】D-18頁1行〜19頁1行
【注75】D-16頁10行〜17頁
【注76】D-19頁2〜20頁1行
【注77】B34頁107〜35頁2行
【注78】D-6頁2行〜7頁4行
【注79】D-7頁4行
【注80】C-58頁12行〜59頁6行
【注81】C-60頁4〜8行
【注82】C-58頁3〜6行
【注83】D-42頁5行〜43頁7行
【注84】B-54頁8〜12行

【注85】A-47頁2～4行
【注86】A-24頁9～10行
【注87】A-21頁3～5年
【注88】D-4頁2～6行
【注89】C-31頁3～7行
【注90】C-31頁3～7行
【注91】A-17頁13行～18頁3行
【注92】A-19頁
【注93】A-19頁13行～20頁5行
【注94】C-15頁9～13行
【注95】D-13頁4～10行
【注96】C-26頁2行～28頁1行
【注97】D-13頁11行～14頁10行
【注98】B-54頁13行～55頁
【注99】B-55頁4～13行
【注100】B-57頁9行～59頁5行
【注101】B-81頁2～11行
【注102】C-37頁3行
【注103】C-18頁2行～19頁4行
【注104】B-21頁37～7行、C-19頁6～20頁2行
【注105】B-70頁1～5行
【注106】B-4頁1～4行
【注107】B-2頁1～5行
【注108】C-21頁11行～23頁2行
【注109】B-49頁1～3行
【注110】B-82頁5～12行
【注111】C-21頁11行～23頁2行
【注112】B-87頁2～9行
【注113】A-16頁10行～17頁4行
【注114】C-25頁
【注115】C-25頁1～4行
【注116】C-11頁11～13行
【注117】A-7頁2～9行
【注118】D-51頁7行～52頁11行
【注119】D-52頁12～13行
【注120】D-53頁7～12行
【注121】D-56頁1～4行
【注122】D-55頁6～12行
【注123】D-56頁8行～58頁4行
【注124】D-58頁5～11行
【注125】D-53頁3～6行
【注126】B-87頁10～12行
【注127】B-88頁9～117

手口を裏づける田口民也氏の編著書『統一協会 救出とリハビリテーション』より

拉致《らち》監禁事件を主導してきた人物の一人である故・田口民也氏は、１９９４年９月20日、『統一協会 救出とリハビリテーション』という編著書を出版しました。

家庭連合に対する反対派は、長年、「拉致監禁の事実などない。自分たちはそのような事件に全く関与していない」と言い張ってきましたが、この書籍を見れば、それがいかに事実とは異なる主張かが分かります。

同書籍には、拉致監禁の具体的なやり方が詳細に記述されており、家庭連合の信者の父兄たちがこのようなマニュアルに記された内容を、反対派のもとで学び、実際にそれを実行してきたことを十分に裏づけています。

反対派も、この書籍が拉致監禁に対する自分たちの関与を裏づける証拠となり得ることを察知し、全国の書店に並んでいたものを慌てて回収して、絶版としました。

ここではその書籍の一部を引用し、反対派が家庭連合の信者の父兄を教唆していたことを指摘していきます。

田口民也氏の編著書

第４章 統一協会からの救出・具体的方法

1 救出のフロー《図解》

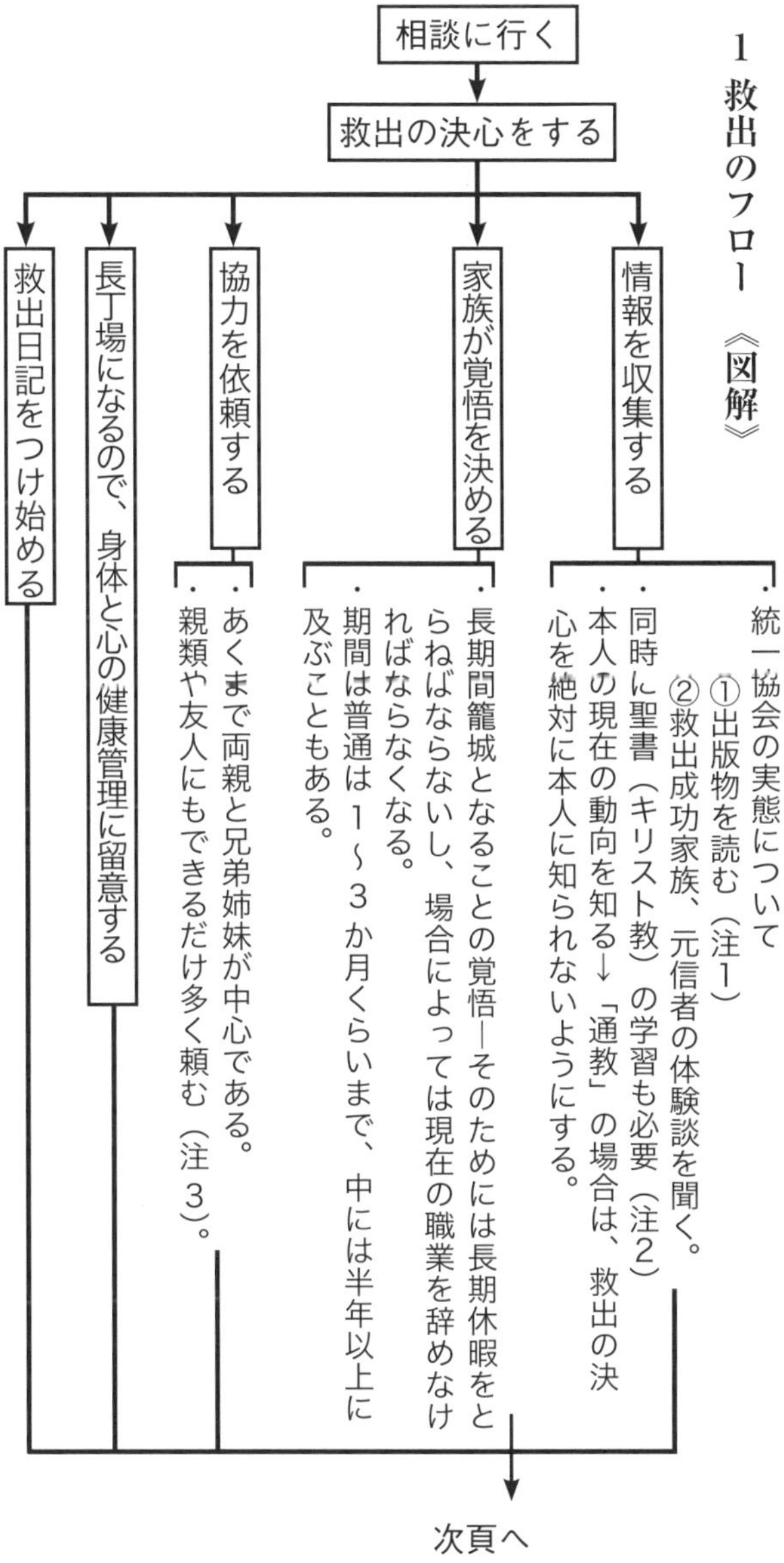
相談に行く
救出の決心をする
情報を収集する
・統一協会の実態について
①出版物を読む（注１）
②救出成功家族、元信者の体験談を聞く。
・同時に聖書（キリスト教）の学習も必要（注２）
・本人の現在の動向を知る→「通教」の場合は、救出の決心を絶対に本人に知られないようにする。
家族が覚悟を決める
・長期間籠城となることの覚悟—そのためには長期休暇をとらねばならないし、場合によっては現在の職業を辞めなければならなくなる。
・期間は普通は１～３か月くらいまで、中には半年以上に及ぶこともある。
協力を依頼する
・あくまで両親と兄弟姉妹が中心である。
・親類や友人にもできるだけ多く頼む（注３）。
長丁場になるので、身体と心の健康管理に留意する
救出日記をつけ始める
次頁へ

【図１】『統一協会 救出とリハビリテーション』172ページより

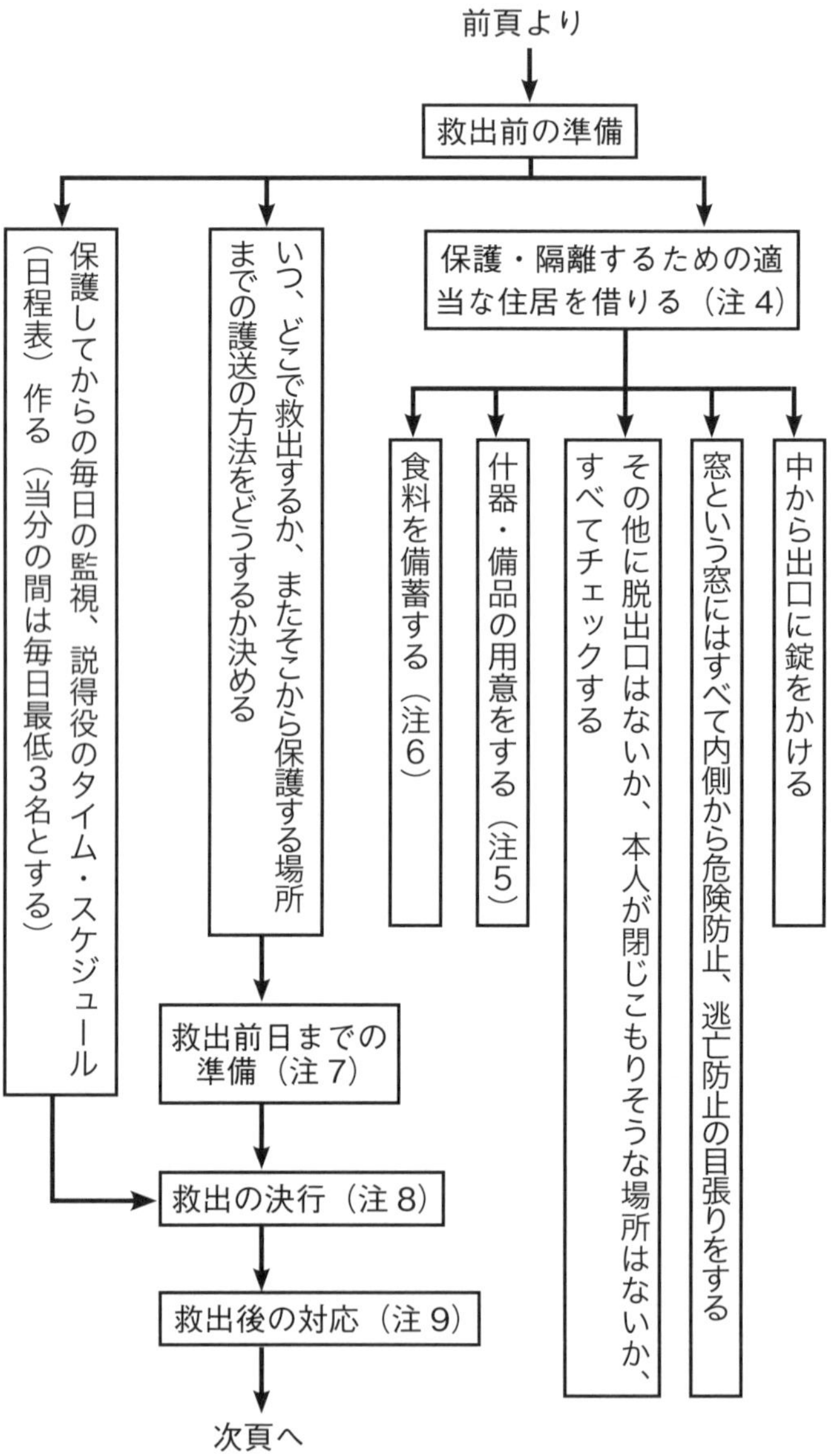
前頁より
救出前の準備
保護してからの毎日の監視、説得役のタイム・スケジュール（日程表）作る（当分の間は毎日最低3名とする）
いつ、どこで救出するか、またそこから保護する場所までの護送の方法をどうするか決める
保護・隔離するための適当な住居を借りる（注4）
食料を備蓄する（注6）
什器・備品の用意をする（注5）
その他に脱出口はないか、本人が閉じこもりそうな場所はないか、すべてチェックする
窓という窓にはすべて内側から危険防止、逃亡防止の目張りをする
中から出口に錠をかける
救出前日までの準備（注7）
救出の決行（注8）
救出後の対応（注9）
次頁へ

【図2】『統一協会 救出とリハビリテーション』173ページより

前頁より

↓

説得者・牧師・元信者が来る

この期間は2週間目から2か月まで。

聖書、原理講論が両方ともわからないので、本人と説得者などとの話し合いに両親はついていけないが、できるだけいっしょに勉強する。↓原理が「間違って聖書を教えられている」にしても、実によく聖書を読んでいるのに驚かされる。

わかってくると、眉間にしわを寄せて考えることがなくなり、顔つきが穏やかになる。

夜、寝ていて、うなされることがなくなる。寝顔が穏やかになる。

いつ逃亡しようとしたか、また始めには話さなかったホームでの苦労話などをするようになる。

説得者が元信者であると、最も威力を発揮する。しかもクリスチャンだとさらに強力である。

最終的にクリスチャンになれるのであれば、最も心の安寧が得られるように思う。

これから先は、親はあまり手出しはできない。

小さい時の良好な親子関係が再び構築できれば最善なのであろう。

↓

以下略……

＊この後も偽装脱会、フラッシング、心のゆらぎなど問題は続く。
特にホームでの心温かい共同生活はいつまでも忘れられないようである。

【図3】『統一協会 救出とリハビリテーション』174ページより

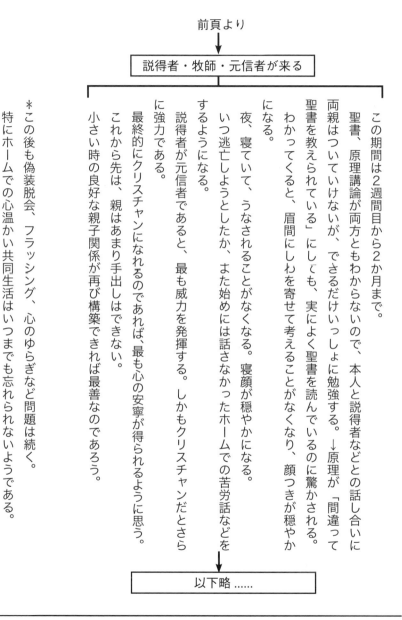

本章の図1~3は、田口民也編著『統一協会 救出とリハビリテーション』の172~174ページにわたって掲載されたものです。この中の図2の注4に対する説明の中で、田口氏は以下のように述べています。これらの記述を読めば、彼らの言う「救出」「保護」が、具体的には〝拉致《らち》〟〝監禁〟であり、いかに計画的で悪質なものかが分かります。

契約後の段取り

①逃亡されそうな場所はすべて内側から完全に施錠し、また遮蔽する。

●玄関は内側から南京錠をかける。ドアのストッパーを使って鍵をかけるとよい。

注意―鍵はすべて細い組紐に通して、一括して常時首からぶらさげておく。一括した鍵は入浴の時、忘れないように。ナンバー合わせの錠前のほうがよいかもしれない。鍵をかけたつもりで、かかっていないことがある。鍵のかかっていることを確認すること。

●ベランダ側、また廊下側もすべてアルミサッシ戸、窓はその上から透明または半透明の塩化ビニール（アクリル製）波板を打ちつける。ベニヤ板は部屋が暗くなるし、外部から見られた時に異常な感じがするので、適当ではないだろう。危険防止、逃亡防止の細工は徹底的に（オーバー）にすることがコツである。

●アクリル板の上を、さらにレースまたは薄手の白いカーテンで覆っておくと、急に部外者（集金人、管理者など）が来た時に隠すことができる。

●室内よりサッシ窓の遮蔽方法。

・用意する大工道具―メジャー（前もってアルミサッシ戸の大きさを計っておいて、材料を買いに行くこと）、釘（長短二種）、ネジ釘（長短二種）、針金、鋸、金槌、ペンチ、プラスとマイナスのネジ回し（電気ドリルがあると便利）。

・用意する材料―縦長の薄い角柱（角柱はかなり長いものが必要。材料はほとんどホームセンターでそろうが、ない時は平板を裁断してもらうとよい）、アクリル製の透明（または半透明）の波板（波板は割れるといって裁断してくれない。大きすぎても仕方がない）。

・波板の打ちつけ方―（1）まず両側の柱に細長い角板を打ちつける。できるだけマンションの柱に傷をつけないようにするが、ある程度はやむをえない）。（2）アクリル板を必要なだけ横に並べて、裏よりネジ釘、電気ドリルを使って固定する（釘は波のいちばん高いところから通すと、亀裂ができない)。(3)最後に(2)を(1)に固定する。
②空気取入口のついているアルミサッシは波板で、内部遮蔽する前にすべて〝開〟にしておくこと。そのほかの壁の通気孔があれば、すべて〝開〟にして部屋の換気に注意すること。
③マンションであれば、台所、風呂場、トイレに換気扇がついているので、それを回せば、かなり換気はできるが……。
④身体に危害を加える恐れのあるもの(刃物、ドライバーなど)の管理をしっかりしておく。
⑤自分で閉じこもれそうなところ(洋間やトイレや風呂場など)、内から鍵のかけられる場所は、扉をはずしてしまうか、鍵がかからないようにする(「柱の受け」のくぼみの金具の上下に釘を打って、扉が完全に閉まらないようにするのが最も簡単)。
⑥浴室などの配管工事用の「天井の入口」から逃げだした例がある。
(同180~182ページ)

また、田口氏は図2の注7に関して、以下のように説明しながら、あたかもこの行為が法律に触れないことを示唆しようとしますが、これは拉致監禁に躊躇《ちゅうちょ》する父兄の後押しをし、実行に踏み切らせるためと言えます。

注7　救出前日までの準備について

①救出計画は綿密、細心に！　何度も全員で各自の役割分担を確認すること。
②それでもアクシデントは必ず起こると思ったほうがよい。その時はすべて一人のトップの指示に従う。
③いつ、どこで救出するか、またそこから保護場所までどうやって連れてくるのが最善かはケースバイケースで、一概には言えない。
④ただ一般的に言えるのは
・絶対に本人に最後まで気づかれないようにすること。
・救出時の人数は多いほうがよいこと。
・救出当日は、顔の知られていない親戚、友人もいれて、前もって要所要所にいてもらうこと。
・必ずカメラを持参しておくこと(万が一、邪魔が入った時に、写真を撮ると相手がひるむことがある)。
・護送には八人乗りのバンなどを用いること。車に同乗するのは親しい者だけとする。
・運転手と助手は車の運転の上手な人を選ぶこと。
⑤途中で警察の「職務質問」にひっかかることをも考えて、身のあかしのために家族の写真をもっていくこと。

●参考1　拉致《らち》監禁について。「近時点において、不正・違法行為に走ることが明らかな子どもを親が隔離監禁することは、法律上緊急避難として犯罪にならない。」
●参考2　緊急避難（刑法三七条）「自己又ハ他人ノ生命、身体、自由若クハ財産ニ対スル現在ノ危難ヲ避クル為メ已ムコトヲ得サルニ出テタル行為ハ其行為ヨリ生シタル害其避ケントシタル害ノ程度ヲ超エサル場合ニ限リ之ヲ罰セス但其程度ヲ超エタル行為ハ情状ニ因リ其刑ヲ減軽又ハ免除スルコトヲ得」
⑥保護後の監視役をどうするか。私たちの経験では最低の人数（両親と兄弟姉妹の中から一人、計三人）がベストのようである。
（同183～185ページ）

田口氏はこの「参考1　拉致監禁について」の項目で、「近時点において、不正・違法行為に走ることが明らかな子どもを親が隔離監禁することは、法律上緊急避難として犯罪にならない」と説明します。

しかしながら、2000年4月20日の衆院決算行政監視委員会で、桧田仁《ひのきだひとし》・自民党衆院議員（当時）が信教の自由に関して、「拉致、監禁、暴行、傷害罪など刑事罰行為に触れる行為は、例えば親子や夫婦なら問われないということがあるか」と質問したのに対して、当時の田中節夫・警察庁長官は「親子や親族であっても、刑罰に触れる行為があれば、何人《なんぴと》に対しても法と証拠に照らし、厳正に対処する」と述べています。

信教の自由は、たとえ親族間であっても一方的に踏みにじることは許されない行為であるという事実を、明確に知っておかなければなりません。

また、田口氏は、救出のフロー《図解》の3ページ目【図3】で、「わかってくると、（信者は）眉間にしわを寄せて考えることがなくなり、顔つきが穏やかになる。夜、寝ていて、うなされることがなくなる」などと説明しています。信者が、脱会説得を受け入れれば、心が平穏になるというのです。ところが、同ページで「この後も……フラッシング、心のゆらぎなど問題は続く」と、矛盾することを述べています。

長年、脱会説得に携わってきた杉本誠牧師（日本基督教団）は、元信者が脱会後に問題を抱えるケースが多々あることを証言しています。2007年11月17日付「キリスト新聞」に、次のように記されています。

「救出されることによって『心に傷を受けていく人も

いる』のは事実だと（杉本牧師は）話し、それが避けられるかどうかは家族カウンセリングにどれだけ時間をかけたかに尽きると語った。脱会させた後、家族はバラバラ、親子関係は滅茶苦茶になるなど悲惨なケースも多々ある」「救出カウンセリングは脱会しただけで終わるものではなく……『脱会後のケアが家族にとってどうできるかということを視野に入れた取り組みが求められている』と（同牧師は）語気を強めた」

このように、悲惨なケースが多々あるために、脱会後のケアが極めて重要であると言うのです。

田口氏が「顔つきが穏やかに……うなされることがなくなる」と述べたのは、これから監禁を実行する親族を安心させるために、あえて事実に反することを述べたと考えられます。実際に、田口氏自身も「フラッシング、心のゆらぎなど問題は続く」ことを指摘しています。脱会後、ＰＴＳＤ（心的外傷後ストレス障害）などの深刻な被害で苦しみ続ける元信者が多数存在していることを知らなければなりません。

2007年11月17日　THE CHRIST WEEKLY　キリスト

霊感商法対策弁護士連絡会

「すべては脱会した後に」

全国集会で杉本誠氏　家族の姿勢強調

全国霊感商法対策弁護士連絡会が主催する全国集会が10月19日、主婦会館プラザエフ（東京都千代田区）で開催された。今なお続発する統一協会の霊感商法事件で、同連絡会には昨年1年間で約40億円に上る被害相談があり、数億円単位の損害を含めた係属中の損害賠償請求訴訟は16件、今年に入ってから既に7件提訴されている。同日は全国から弁護士、宗教関係者、学者、元信者、信者の家族ら約200人余が参加した。

統一協会元信者の体験談やその家族の脱会体験談が生々しく語られ、各地弁護団の報告の後、杉本誠氏（日基教団西尾教会牧師）による講演「脱会カウンセリングの現状と困難さ——20年の歩みの中から」が行われた。

これまで長く統一協会の被害者脱会活動に関わってきた同氏は、現在も25～30件の相談数を抱えている。「青春を返せ訴訟」などの裁判にも関わってきた同氏は、脱会させた後の被害者の精神的ケアが非常に重要だと主張。救出に関わる牧師として、相談者を抱えていれば「脱会という結果を出していかなければ家族の苦しみは取り払われない」と明言した。

日常的に相談がくり返し来る現状の中で、法的な問題だけでなく、救出されることによって「心に傷を受けていく人もいる」のは事実だと話し、それが避けられるかどうかは家族カウンセリングにどれだけ時間をかけたかに尽きると語った。脱会させた後、家族はバラバラ、親子関係は滅茶苦茶になるなど悲惨なケースも多々あるという。1年間に脱会件数38件という数字の過去をもつ同氏であるが、大失敗をしたという最悪のケースについて話した。

◆

統合失調症で精神科に入院をしていたこともある女性の脱会に成功した後、問題は起きた——。親は早く結婚させるために、次々と見合いをさせて結婚を決めさせた。統一協会にいたことも精神科に入院していたことも、杉本氏のカウンセリングを受けに教会へ通っていたことも婚約者には全部隠しながらの結婚で、女性は両親からもう教会には行かないよう言い渡されていた。

当時、オウム真理教事件や統一協会の報道が出始めた最中、精神的に異常をぶり返してしまった女性は結果的に3歳になる子どもの首を絞める行為に出てしまうことに。教会の場所など知るはずもない女性の夫から「子どもを連れて離婚する」ことを告げられた。その後女性側からの連絡は何もないとした上で、「すべては脱会した後に始まる」と改めて強調した。

◆

救出カウンセリングは脱会しただけで終わるものではなく、「最終的には家族がやるしかない」と何度も口にする杉本氏。「脱会後のケアが家族にとってどうできるかということを視野に入れた取り組みが求められている」と語気を強めた。

このほか、仏教者の立場から仏教情報センターの互井観章事務局長による講演がもたれた。互井氏はカルトにはまってしまう人がいることに対する分析、占い・スピリチュアルを扱ったテレビ番組がいかに市民に影響を与えているかなど、電話相談で寄せられたものへの対処方法などについて話した。

83年に設立されたセンターの仏教テレフォン相談は月～金まで各宗派の僧侶が応えている。仏事だけでなく、信仰や人生に関する悩みや疑問の電話相談がある。新宗教への苦情は年平均47件、占いに関しての相談は年平均30件に上る。

「キリスト新聞」2007年11月17日号

反対派の情報に翻弄《ほんろう》された両親

家庭連合の真実を知り、親娘《おやこ》が和解

東北地方在住の仁志明子さん（仮名）は、過去3回にわたって両親やキリスト教牧師などから家庭連合の信仰を棄《す》てるよう強要された経験を持つ。1983年、自宅で軟禁され、93年と95年にはマンションにそれぞれ2カ月近く監禁された。

一方、娘の拉致《らち》監禁に踏み切った父・高橋敏男さん（仮名）はその後、当時を振り返りながら、「反対派にだまされた」という思いを強くしている。マスコミの反家庭連合報道に触発されて不安を覚え、「娘を救いたい」という一心で反対牧師のところに2年間も通い続けた。牧師の指導のもとで拉致監禁を実行した挙げ句、「ひと財産なくしてしまった」と深く後悔している。

1回目の軟禁

明子さんには、両親と兄がいた。大手海運会社に勤務していた父は商船に乗って世界中を回り、1年のうち10カ月間は家を不在にした。年の離れた兄は早くから独立していたため、明子さんは母と娘の2人だけの暮らしが長かった。

明子さんが自宅で軟禁されたのは、1983年、大学を卒業して間もない23歳の時だった。母・高橋芳子さん（故人、仮名）が、左翼思想を持つ知人から教会の悪いうわさを吹き込まれ、その知人から「娘を監禁して説得したほうがいい」というアドバイスを受けたのだ。明子さんは自宅2階の一室に閉じ込められ、鍵を掛けられた。部屋にはポータブルトイレが用意してあったという。

明子さんが統一原理を学んだのは高校生の頃。当初から、明子さんの信仰をめぐって母娘間で言い争いがあったが、79年頃から反対が激しくなった。

情が深く、〝肝っ玉母さん〟という感じの芳子さんは、「夫がいない間に娘がとんでもないことになった」という焦る気持ちから、軟禁という手段を選んだようだ。とにかく「娘が自分のところにさえ帰ってくればいい」という一心で踏み切ったために、夫・敏男さんには何も知らせなかった。

「軟禁時、母が私を説得しました。夜中に包丁を持って追いかけられ、交番に行ったこともあります。当時、私は教会で献身的に活動しようとしていましたが、『当

面、仕事を続ける』と言ったため、解放されたのだと思います」（明子さん）

10年後の拉致監禁

83年の軟禁から10年後の1993年2月中旬、ついに明子さんは反対派が関与する中で、拉致監禁された。

明子さんは前年の92年8月、韓国・ソウルで開催された3万組の国際合同祝福結婚式に参加していた。

「祝福を受けるとき、母に報告に行くと、母は『そうか』と言ってワンピースを買ってくれました」

母には、娘の信仰を容認する気持ちが芽生えていたのかもしれない。ところが、合同結婚式から半年過ぎた頃、海運会社を定年退職していた敏男さんや芳子さんの元に、さまざまな人から家庭連合の批判情報が寄せられた。それればかりか、彼らは「教会をやめさせたほうがいい」と言ってきたのである。

「当時、耳に入ってくる情報は悪いことばかりでした。テレビにしても新聞にしても、（家庭連合は）人をだまして金を取っていくというような話ばかり。良いことは一つもありませんでした」と敏男さん。

敏男さん夫婦が不安を募らせていく中、明子さんの友人Nさんが、反対父母の会を紹介してきた。Nさんは、明子さんと一緒にピアノ教室に通っていた仲間だった。

「監禁の前に、反対父母の会の集会に参加するため、夫婦で東京のキリスト教会に何回か通いました。その教会は、家庭連合信者を子にもつ親御さんでいっぱいでした。『拉致監禁を実行するには、親族の全面的な協力が必要』という情報は、その時に入りました」と敏男さんは語る。東京での集会や勉強会に参加しながら、拉致監禁の具体的なノウハウを学んでいった。

やがて敏男さん夫婦は、宮城県で家庭連合信者の脱会説得を行っていた元信者・田口民也氏（故人）を紹介された。そして、明子さんの拉致監禁の実行日が近づいてきた。

明子さんは合同結婚式に参加後、教会で献身的に活動してから半年たったころ、腰痛に見舞われた。休みを利用してNさんの自宅近くの治療院を訪れたところ、そのことがNさんから敏男さん夫婦に伝えられた。

明子さんは93年2月中旬、2度目に治療院を訪ねたときに、待ち伏せていた両親や親族らに拉致され、仙台市内のマンションに監禁された。

「親としては、娘を何としてでも救いたいという気持ちだけでした。とにかく、娘が教会をやめるまでやるという覚悟でした」と敏男さんは語る。

マンションは、監禁専用の施設だったようだ。

田口氏らから「『ここに入ってください』と紹介されたマンションの部屋には、ドアや窓が開かないような仕掛けが付いていていました」と敏男さん。

明子さんは「マンションに入れられた当初、『警察沙汰にならないように、周りの住民には説得中だと言ってある。どんなに叫んでも警察は来ない』と言われた記憶があります」と証言する。

監禁が始まって最初の1週間ほどは、元信者が次々とやって来て、明子さんを説得した。やがて元信者の田口民也氏の妻・和子さん（故人）が説得に加わった。さらにその1週間後、田口氏自身も明子さんを説得するためにマンションに来るようになり、家庭連合の教理批判を繰り返した。

明子さんは、田口氏と理論戦をしても監禁が長引くだけだと考え、とにかく早く解放されるために「偽装脱会」することに決めた。夫の隆さん（仮名）が、自分が拉致《らち》されたその日に入籍してくれたことを監禁中に知り、明子さんは「早く出たい」という思いをいっそう強くした。

「私は『教会の活動に疲れていた。自分でもおかしいという思いがあったので、やめる』と話し、相手の話に同調するようにしました。すると、私が本当に脱会しているのかを調べる審査が始まりました。毎日毎日、元信者がやって来て、彼らが私の表情を見ながら、『これに対してはどう思うか』などと質問するのです。私は、頭がおかしくなりそうでした」

そして、最後に監禁現場にやって来たのが、田口民也氏の娘だった。

「その人は霊的にすごく敏感なようで、『やめたかやめていないかを大体当てるのだ』と言われていました。その娘さんが最後に審査するのです。娘さんは私を見て『五分五分だ』と言い、とても警戒しているようでした」

〝審問〟が続く中、明子さんに監禁から脱出するチャンスが訪れた。それは監禁から約2カ月が過ぎた、93年3月下旬のことだった。

「父のほうは私を信頼してくれていたのか、玄関の鍵が開いていた日がありました。その日の夜、裸足《はだし》で逃げたのです。マンションから出る時、こんなに心配している父母を残し、それでも行くのかという切ない思いがありました。清水の舞台から飛び降りるような心境でした」

翌朝、娘が逃げていなくなったことで、敏男さんは心臓発作で倒れ、救急車で運ばれた。それまでの心労に加え、娘の逃走という大きなショックが重なったことが原因と思われる。大事には至らなかったが、明子さんがこの件を聞かされたのは、約2年半後の、3度目の監禁場所でのことだった。

3回目の脱会説得

敏男さん夫婦は、2回目の脱会説得失敗後、すぐに次の準備を始めた。

最初は東北地方から上京して、反対父母の会で勉強していたが、やがて新潟・新津《にいつ》市（当時）の松永堡智《やすとも》牧師を紹介され、毎週末、夫婦で同牧師の教会に通うようになる。毎週土日を利用し、車で片道4時間かけて新潟まで通う。そんな生活が2年間も続いた。

「日曜日の午前中は礼拝の説教で、午後からは救出のための勉強会がありました。そこで、拉致のやり方などを勉強するのです」

勉強会では、自らの子供を拉致監禁して脱会させた元信者の親たちが、「最低4人くらいの親族の協力がなくては難しい」などと、自分の体験談を交えながら説明した。

「松永牧師は、朝少しばかり挨拶をする程度で、その後は顔を出しませんでした。おそらく脱会説得のため、あちこち飛び回っていたのではないでしょうか」と敏男さん。

「新潟では当時、（脱会説得の）順番待ちが２８０数人いました。教会に監禁予定者の一覧表が貼ってあったわけではありませんが、『お宅は何番ですよ』と言われるのです」

ほぼ、その番号順に拉致監禁が実行されていったようだ。家庭連合信者に対する脱会説得がシステム化されていた。

拉致監禁を実行する直前、松永牧師から直接の指導があった。

「松永牧師から、『もう順番が来たので早く連れてきなさい』と言われました。具体的な拉致の指導もありました。本人が仕事場から帰って来るとき、親戚の人をうまく配置して、娘が逃げないように車に押し込む、といったような内容です。親戚を数人集めて、松永牧師がそういう話を教えるのです」

明子さんが当時住んでいたのは、夫の実家がある福島県。95年11月上旬の夕方6時半、明子さんが勤務先から帰る時間帯が狙われた。

当時、小学校の事務のアルバイトをしていた明子さんは、仕事が終わって学校の駐車場まで行ったところ、両親や兄、親戚の人たちに突然拉致《らち》された。そのまま新潟県新津《にいつ》市のマンションに連れていかれ、12月末まで監禁されたのである。

敏男さん夫婦は私立探偵を雇って、明子さんの居場所を調査していた。調査費用だけでおよそ１００万円かかったという。

「私立探偵が居場所を突き止めてくれました。娘がどういう生活をしているのかを調べた上で、私たちが直接行って、娘であると確認しました。仕事場から帰ってくる時間も調べ上げていました」

その時の松永牧師からの指示は、「マンションに入れてください。後は私たちが説得しますから」というものだった。

新潟のマンションで監禁が始まると、毎日5人くらいの元信者が入れ替わり立ち替わりやって来て、明子さんに「（監禁されて）大変ですね」「私たちもこうだったんだよ」などと話しかけてきた。

松永牧師は、監禁後、一週間くらいたってから説得にやって来た。

「私としては、祝福（結婚）を全うすることだけを考えていました。理論で反抗していくと、監禁が長引くだけなので、『教会をやめ、私たちは普通に暮らしている』と話しました。ただ、田口さんの時も『やめた』と言って逃げ出したので、今回はもっと大変だろうと覚悟はしていました。一方、両親に対しては、『主人がすごくいい人で、幸せになれると思ったから結婚した』と話しました。父はそれを受け入れてくれたところがあったと思います」と明子さんは語る。

2回目の監禁の時と同様、明子さんは「偽装脱会」を試みた。松永牧師との面談の時間は、まさに「命懸け」の心境だったという。

「松永牧師は、私の語った内容を後で全部調べるような感じだったので、『この一言によってどうなるか』と思うと、内臓が口から飛び出してくるような、そんな感じでした」

また、松永牧師は面談の後で必ず父に状況を説明し、

『今の段階では嘘《うそ》がないと思うけれども、あれはちょっと』などと言うのです。それは本当に刃物を突きつけられるような感覚で、毎日毎日がそういう霊的闘いの連続でした」

松永牧師の直接の審査に加えて、2回目の監禁時と同様に、元信者による審査もあった。

「『リハビリ』と称して、私と脱会した人々だけで外に食事に行き、個人的な話をしたりしました。ただそうした場でも、トイレに立つ時には、1人が私の前に立って、後ろにも別の1人がついて来るのです。『リハビリ』は、監禁の最終段階で行われました」

そうしたいくつかの審査を経た上で、明子さんは解放された。松永牧師が、明子さんは「脱会した」と判断したためだが、解放に当たっては、敏男さんの後押しもあった。

「ずっと説得したら、父も『幸せならそれでいい』と認めてくれました」と明子さん。明子さんが解放された日は、年の瀬の押し迫る95年12月29日、みぞれが降る寒い日だった。約2カ月ぶりに、夫の元に帰ることができた。

拉致監禁に費やされたお金

明子さんは、監禁から解放後、両親と一緒に、反対父母の会の会長に挨拶に行った。新潟に住んでいる人で、茶道をしているOさんだった。

この人物が、明子さんが監禁されたマンションの持ち主だったが、敏男さんは「あれっ」と思うことがあったという。

「真冬だから冷房なんか使ってもいないのに、その人は冷房代まで請求してきました。『あれ、これは何ですか。おかしいですよ』と言ったら、『あー、そう』と言って、請求書から消しました。私が指摘したからよかったのですが、前の人も請求されて取られていたのかもしれません。その瞬間、『この人は松永と結託しているな』と直感しました」

「マンション代は、妻が全部支払ったので正確な額は覚えていませんが、妻は『ずいぶん取られた』と言っていました。普通の家賃のレベルではなかったのは確かです。（マンション代から）松永牧師のほうに流れていくのでしょう」という疑念を敏男さんは抱いた。

敏男さんは、新潟での2回目の監禁が終わって以降、松永牧師の教会に足を運ぶことはなかった。

「関係者がグルになっている、と思ったからです。それ以降も、寄付金などを求める郵便物が自宅に送られてきましたが、全然見ないで捨てていました」

反対父母の会から「月額3000円」の振り込み用紙なども送られてきた。

敏男さんはその後、松永牧師らに「だまされた」という思いを強くした。友人などに会うたびに「ひと財産なくしたんだ!」と言うのが口癖のようになっているという。

「もし松永牧師に会ったとしたら、ただじゃ済まない。張り飛ばしてやりたい、今は本当にそういう気持ちです。280数人という順番待ちをしながら、遠方から車を運転して2年間も通ったのです」

反対牧師の言葉を信じて、「娘を犯罪者にしたくない」という一心で2度の拉致《らち》監禁に踏み切った敏男さん。既に亡くなっている妻・芳子さんがたびたび夢に現れ、それに後押しされるようにして、徐々に家庭連合に足を運ぶようになった。家庭連合の真実の姿を知るにつれ、反対牧師から教え込まれてきた「家庭連合＝犯罪集団」というイメージは崩れ去っていった。

「実際に教会に行ってみると、悪いところではないという実感がありました。同居している娘夫婦が一生懸命やっているから、『自分も行ってみようか』という感じで、通い始めたのです」と敏男さん。

反対派に翻弄《ほんろう》され、娘の脱会説得を試みた明子さんの親だが、家庭連合に通うことで認識は完全に変わった。その結果、親子が和解できたことを、明子さんは何よりも感謝している。

「父が家庭連合に通うようになって、親子がより深く理解し合えるようになりました。松永牧師も原理に触れ、神様について知ってほしいと思います」（明子さん）

第五章

信教の自由を求めて——国際会議での訴え

家庭連合の友好団体・世界平和宗教人連合（ＩＡＰＤ）の
２０２２年総会参加者の記録および証言

序

２０２２年8月13日、韓国・ソウルにて、家庭連合の友好団体である「世界平和宗教人連合（Interreligious Association for Peace and Development）」が２０２２年総会を行い、全世界から集まった宗教指導者および宗教関係者約７００人が参加しました。総会の第2部では、「信教の自由」をテーマに、長年日本で行われていた拉《ら》致《ち》監禁による強制改宗を取り上げ、実際に被害にあった体験者が登壇して事例発表を行いました。

本章では、その総会で自らの体験を発表した参加者の事件に関する資料や、証言を紹介します。このうち、K・H氏の証言は、準備はしていたものの、諸事情により実際には発表されなかった内容です。

日本においては、昨今、マスメディアにより、家庭連合に対する目に余る批判・偏向報道が行われています。この報道に触れ、不安をあおられた人々につけこんで、再び家庭連合信者に対する拉致監禁事件が多発しかねないことを、深く憂慮します。

日本国憲法に記された「信教の自由」がきちんと保障され、家庭連合をはじめとする各宗教の信徒が身の危険を感じることなく、普通に暮らせるような社会になることを願ってやみません。

T・Hさんへの拉致監禁事件に関する記録

パンフレット「拉致監禁・棄教強要・宗教迫害事件判決 統一教会信者勝訴」から転載（一部編集）

＊注：この裁判の勝訴判決は２０００年8月31日であり、その後、当法人の名称が家庭連合になったため、パンフレットからの転載に際しては、現在の名称を用いています。

1. 事件の概要

◎教会襲撃による逮捕監禁

１９９７年6月7日午後2時半、T・H（女性）さんの父親である元警察官、税務署職員、親戚、興信所職員5名、および世界平和統一家庭連合（家庭連合、旧統一教会）に反対するキリスト教会関係者等、合計約20名が、危険スタンガン、鉄パイプ、チェーン等の武器を携行し、家庭連合の地方公認教会を襲撃しました。襲撃犯等は、教会玄関ドアのガラス部分を損壊して侵入し、教会業務を妨害し、居合わせた教会員4名に暴行傷害を加え、客室で母親と面談中のTさんを拉致しました。Tさんは、襲撃犯が用意したワゴン車に押し込められ、親族及び興信所職員によって連行されました。

◎鳴門への迂回《うかい》

襲撃犯等は、Tさんを大阪のマンションに監禁し、キリスト教神戸真教会の主任牧師高澤守の話を聞かせて棄教させるために今回の事件を計画しました。ところが襲撃犯等はすぐに大阪には行かず、Tさんを四国に連行し、鳴門にあるリゾートマンションの高層階で3日間監禁しました。

6月10日午後10時過ぎ、Tさんは部屋で手錠を掛けられ、再度ワゴン車に担ぎ込まれました。ワゴン車は淡路島を経由してフェリーで大阪に渡り、6月11日未明、新大阪に着きました。Tさんは市内のマンション10階の一室に担ぎ込まれ、監禁されました。

◎1年3カ月にわたる棄教強要

Tさんは、新大阪の2つのマンションで合計1年3カ月にわたって監禁され、両親およびキリスト教神戸真教会の高澤牧師等によって棄教を強要され続けました。Tさんの主張によると、特にTさんが高澤牧師との対話を拒んだ最初の約2カ月間、高澤牧師はTさんを寝ていた布団から床に転がり落とし、足や背中をたたく、額を拳《げん》骨《こつ》で小突くといった暴行を繰り返し、「屋根裏のネズミ」「死にかけたゴキブリ」「くそ馬鹿」などの暴言を浴びせ続け、髪の毛を手で持ち上げたり『原理講論』で臀部《でんぶ》をたたくといったセクハラ行為まで行いました。このためTさんは精神的・肉体的に極度の苦痛を受け、膀胱炎《ぼうこうえん》、胃痛などの疾病を被りましたが、高澤牧師はTさんを病院に行かせませんでした。

◎意に反する棄教表明

翌1998年、Tさんは長期の監禁による精神的苦痛から、2度にわたって精神錯乱に陥りました。それでも、高澤牧師等はTさんを解放しませんでした。このため、Tさんは表面上、棄教の表明をする以外に監禁から解放される道はないと思うに至りました。

　１９９８年3月、高澤牧師の招きで、東京の宮村峻《たかし》という脱会専門家が部屋を訪れ、棄教を強要したとき、Ｔさんは表面上の棄教の表明をしました。Ｔさんは大事にしていた祝福指輪まで、やむなく高澤牧師に渡しました。しかし、高澤牧師等はＴさんが偽装脱会をしているのではないかと恐れ、引き続き監禁を継続しました。

◎リハビリ

　棄教の表明後も監禁が続く中、Ｔさんは１９９８年８月17日付で、意に反して脱会届を書きました。脱会届の見本は高澤牧師が提供しました。

　同年8月30日、Ｔさんはマンションからは解放されたものの、神戸真教会に移され、同教会2階の部屋で「リハビリ」と言われる監禁後の生活に従事させられました。「リハビリ」というのは、拉致《らち》監禁によって脱会させられた家庭連合の元信者が、長期監禁後の社会復帰のため、牧師等の指導のもとに共同生活を行うことですが、元信者は監禁現場に駆り出され、脱会説得の手伝いをさせられたり、「青春を返せ裁判」等、家庭連合に対する訴訟を起こすよう促されるなど、家庭連合に反対する活動に荷担させられることがよくあります。Ｔさんの場合は、長期監禁による精神的・肉体的疲労が顕著であったことから、意に反する反対運動には荷担させられずに済みました。

　同年9月15日、Ｔさんは両親等の監視の隙を見て脱出しました。

2. 裁判の内容

◎原告の主張

　原告は、被告両親および被告高澤が共謀の上、原告を地方公認教会で拉致し、鳴門および新大阪にて約1年3カ月にわたって監禁し棄教を強要したため、精神的・肉体的に甚大な損害を受けたと主張し、被告等に損害賠償および拉致監禁、棄教強要の差止《さしとめ》を求めました。

　特に被告高澤については、以下の点を主張しました。

①被告両親等を指揮し、人員を派遣するなどして教会襲撃事件を実行した主犯である。

②鳴門にあるリゾートマンションにて原告が監禁された部屋は家庭連合に反対する運動において被告高澤と連携する日本基督教団の学校法人が所有するものであり、同部屋は被告高澤が手配したものである。

③被告両親が原告を監禁中、被告高澤は監禁、棄教強要の全般にわたって被告両親を指揮した。
④被告高澤は監禁中、原告に対し、暴行、強迫、暴言、セクハラを行った。

◎被告等の主張

【被告両親の主張】

被告両親は、原告主張の事実について被告両親の関わった部分についてはほとんど認めたものの（ただし「拉致」「監禁」「脱会強要」との表現については、「保護」「救出」「親子の話し合い」であると主張）、高澤の関与に関する原告主張の上記①～④については否認しました。

また、被告両親の行為の違法性については、「娘である原告を家庭連合の違法な教え込みから解放するため、家庭連合の妨害を受けない場所を確保する必要から採られた措置」であるとして正当性を主張しました。


【被告高澤の主張】

被告高澤は、被告両親の原告に対する地方公認教会での逮捕監禁や鳴門での監禁については一切関知していないとして、この点についての共謀等の事実を否定しました。また、監禁中の行為についても、平穏な話し合いであったと主張し、原告主張の上記①～④を否定しました。

行為の違法性については、新大阪のマンションでの原告に対する行為は、被告両親から依頼を受けて原告と話し合ったもので、正当な業務活動であり、その手段は社会的に相当であるとして違法性を争いました。

◎裁判所の判断

【事実認定】

判決は、被告両親が原告を拉致監禁し棄教を強要したことにより精神上・肉体上重大な損害を負わせた事実を認定しました。また被告高澤については、原告主張の上記①～④について個別の認定を避けたものの、被告両親が原告に対して行った拉致監禁、棄教強要行為の全般にわたって少なくともこれを幇助《ほうじょ》したものと認定しました。


【違法性判断】

判決は被告両親の行為の違法性について、「本件の逮捕監禁はその当初において明白に原告の意思に反するものであったこと、原告が昭和41年4月生まれで本件当時、31歳の成人であったことを考えると、本件のような行為は、被告両親が原告の両親であったとしても許されるものではない」として両親の行為の違法性を認めました。

また被告高澤の行為については、「一般的に宗教的活動は自由であるとしても、右のような状態（棄教目的で逮捕監禁されている状態）にある原告に対し、その状態を知りながら、原告の意思に反する宗教活動を行うことは、正当な業務活動であるということはできない」と判示し、その行為の違法性を認定しました。

【損害賠償請求】

判決は以上の認定判断のもと、原告の被告等全員に対する損害賠償支払請求を認めました。

【差止《さしとめ》請求】

判決は、被告両親が以前にも原告を米子で監禁した事実があること、被告高澤が本件と同様のことを本件以外にも多数行っていることを認定した上で、「被告らは、原告に対し、暴行、強迫、拉致《らち》、監禁、面談強要、電話による会話強要等を行い、又はこれらの方法を用いて、原告が信仰する宗教を棄教することを強要してはならない」との差止命令を発しました。

脱会させた元信者を動員して、家庭連合潰しを図る反対派グループ

K・H（男性）

私の拉致監禁の体験は既に書籍にして出版したことがありますので、詳細についてはそちらに譲ります。

1990年から、私は都内の病院で内科常勤医として勤務し始めました。その時、私は家庭連合（旧統一教会）の信仰を持ちながら勤務していました。同病院の院長も同じ信仰を持っており、職員の半分くらいは信者でした。当時、日本では家庭連合に対する批判情報がマスメディアによって伝えられていました。両親はその報道の影響から、不安をあおられるようになったのです。そして、家庭連合信者を脱会説得している宮村峻《たかし》氏のグループと交流を持つようになりました。特に母親が、私を監禁してでも信仰を棄《す》てさせないといけないと思うようになりました。そして、両親と私の兄弟は、1年以上の期間をかけて密《ひそ》かに拉致監禁の準備を進めるようになったのです。

私は1992年6月13日、実家に帰ったところ、そこに集まっていた親戚らに羽交い絞めにされ、ワンボック

スカーに放り込まれて、都内のマンションに閉じ込められました。そのマンションには、親戚10人以上が集まっていました。私は、その時から約2年間、身体と心の自由を奪われた生活を強いられることになったのです。

マンションでは、最初に父が「ここで頭を冷やして考え直せ」という文章を読み上げました。医者である私は「突然業務を放棄してしまうと、多くの患者さんの生命や健康に悪影響を及ぼす」と真剣に訴えましたが、その言葉に誰も聞く耳を持ちませんでした。

結局、その日から私は、家庭連合の書籍と、新約聖書・旧約聖書を見比べながら、自分の考えが正しいかどうかを確認するようにマンション内で強要されたのです。夜になると、元信者約5名と宮村峻氏が押しかけ、私の信仰や考え方がいかに間違っているかを説得してきました。ところが、私は彼らの思惑とは違い、聖書などを学ぶことで、より深く家庭連合の教理を理解するようになったのです。マンションでの監禁生活でしたが、約3カ月がたつ頃には、自分は一生涯かけても、宮村峻氏が主張する「統一原理はまったくのデタラメだ」という主張に納得することはできないと思うようになりました。

ところが、私の親戚、親兄弟は、私が洗脳されていると思い込んでおり、とても冷静に話し合いができる状況ではありませんでした。私のマインドコントロールを解くには暴力も必要だといわんばかりに、父や弟は私に対し、殴る蹴るの暴行をするようになりました。

私が監禁され、自由を拘束された後に、勤務する病院の職員が私の監禁されたマンションを突き止めて、「人身保護請求」を東京高等裁判所に出しました。そうして、そのマンションに裁判所からの呼び出しの通知が届いたのです。それを知った宮村峻氏の指示で、私は急遽《きゅうきょ》、新潟県へと移動させられることになりました。車に乗せられて、東京から新潟に向かってどんどん遠くへと移動していきました。

その移動は、いつも10人前後の元信者の監視のもとで、夜中に行われました。

東京においては、宮村峻氏が説得していましたが、新潟では新津《にいつ》福音キリスト教会の松永堡智《やすとも》牧師と上越在住の熊木敏夫氏が、脱会説得を担当しました。皆、聖書を用いて、私の信仰・思想の間違いを正そうと熱心に説得してきました。彼らは、私の感じ方や捉え方を認めることはなく、私の考えのすべてを否定してきました。

彼らは、幼い頃から私の人生を支えてきた日本の新興宗教・天理教における神体験を聞く気など、毛頭ありませんでした。まして、家庭連合におけるさらに深い神体験など、彼らにとっては妄想、精神異常に過ぎないということのようでした。私のところに来た元信者の方々も、家庭連合でいろいろな神体験、神秘的な体験をしていましたが、私を脱会説得するときに、彼らはそんな体験をした自分自身を卑下していました。彼らは「自分は馬鹿だった」と言うのです。

1年以上、このようなやり取りが、来る日も来る日も続けられました。その間、両親もマンションから一切出られませんでした。さらに父は、宮村峻《たかし》氏に毎晩電話をしており、私の状況を報告していたのです。

新津《にいつ》市内（当時）のマンションでは、父は「おまえはもう信仰を棄《す》てないだろう。おまえが外に出て、（宮村氏の）グループのこんな活動が世間に分かったら大変なことになる。違法だと分かって活動ができなくなる。生きておまえを外に出すわけにはいかない。おまえを殺して俺も死ぬ」とまで言うようになりました。その父の表情から、父は精神的に限界に達していることが分かり、私は「信仰を棄てた」と、自分の本心を偽って発言するようにしました。

その時は分かりませんでしたが、宮村峻氏と共謀したマスメディア、弁護士によって、週刊誌およびテレビ、さらに裁判所で、私を棄教者としてさらし者にする計画だったのです。

偽装脱会後、私は山荘に移されました。宮村峻氏の指示で、ジャーナリストの有田芳生《よしふ》氏と「週刊文春」の記者が来て、私を取材しました。その内容が家庭連合批判の記事として使われ、私は大変ショックを受けました。その後、松永堡智《やすとも》牧師の教会の近くに移り、今度は某テレビ番組の出演を強要されました。人気のない河原に移動させられ、元信者数名が私を監視する中で、撮影が行われました。そして、勤めていた病院名と私の顔と実名が放映されることになったのです。

今現在、日本における報道は、約30年前と同様、家庭連合を全くのデタラメ、信者はマインドコントロールされていると決めつけ、一方的に報道しています。家庭連合は「反社会的」「恐ろしい団体」「政教分離に反する」などのヘイトスピーチが、マスメディアだけでなくＳＮ

S上でも、誰の規制も受けず繰り返されています。私は、これこそが洗脳だと感じます。１９９０年代も、拉致《らち》監禁によって信仰を破壊された多くの元信者が家庭連合へのヘイトスピーチをさせられていました。私もテレビに出ることで、その当時、病院に通っていた多くの患者さんが不安に駆られただろうと思うと、今でも深く心が痛みます。しかし、そのテレビ出演と引き換えに、私は父の付き添いがあれば、新津福音キリスト教会に通ってもよいことになったのです。そこには、私と同じような境遇の元信者が約10名、通っていました。

松永堡智牧師が私に指示してきたのは、午前中は聖書の勉強をして真理を学び直し、午後からはマンションに監禁されている他の信者に対し、脱会説得することでした。その当時、教会周辺には5名程度の家庭連合信者が監禁されていました。私は、信者が監禁されているマンションに行くようになりましたが、その晩から悪夢にうなされるようになりました。私は、拉致監禁グループの手先になってしまったという罪悪感から、精神的な圧迫を受けるようになったのです。

監禁されて1年4カ月余りが過ぎた１９９３年10月23日、宮村峻氏から、山口広弁護士、紀藤正樹弁護士を紹介されました。彼らは今現在、家庭連合の被害者のことをよく知る弁護士として、テレビで引っ張りだこになっている人物です。その後、私は父が同席するところで、私の勤務している病院に対して〝働いていた2年間に、正当な賃金が支払われていない〟という理由で調停を申し立てることになり、弁護士契約を結ばされました。そして、その数カ月後に、実際に調停を申し立てたのです（後に取り下げ）。その間、２人の弁護士が私の思いを聞くことは、一切ありませんでした。彼らにとって、私の思いなどは重要ではなく、家庭連合の被害者、しかも医者であるという私の立場と、宮村峻氏の〝家庭連合潰し〟の戦略、その取り組みこそが重要だったのです。

松永堡智牧師の教会に通う元信者も、彼ら自身の思いとは関係なく、弁護士を紹介され、家庭連合を訴えるように勧められていました。それらの訴えは、すべて家庭連合による被害だということになるのでしょう。

松永堡智牧師の教会では、信者の父兄の相談を受け付けていました。牧師は、どんな父兄に対しても、家庭連合にいると人格が破壊されると言い、相談に来た父兄の不安をあおっていました。そして、自分の講義ビデオを相談に来た父兄らに見せて勉強させたのです。さらに、拉致《らち》監禁強制改宗を実践するための2日間の研修会に父兄を参加させるのです。両親は、私と共に研修会に全面的に協力させられました。その上、父は新津《にいつ》福音キリスト教会の新会堂建設のため、100万円以上を献金したのです。

私は、自分の本心を偽って彼らの指示をすべてやらざるを得ませんでした。その私の態度から、ようやく宮村峻《たかし》氏と松永堡智《やすとも》牧師は、私がまともになったと判断するようになりました。そして、元信者の父親の紹介で、新津福音キリスト教会の近くの共産党系の病院に、研修医の立場で就職するようになったのです。私はやっと自由な時間と、自分が自由に使えるお金を持てるようになりました。そこで、私の勤務していた都内の病院の院長に会いに行こう、そして、今の拘束されている事情を説明しようと思いました。私は両親に気づかれぬようにして東京に戻り、約2年ぶりに院長と会うことができたのでした。院長は私を見て、このままだと私の心が完全に壊れてしまうと感じたのでしょう。私は、宮村峻氏や松永堡智牧師の影響を受けて、追い詰められている両親を思うと本当につらかったのですが、そのまま東京に残ることにしました。そして翌日、両親に電話をかけました。その後、約2年間、私は再度の監禁を恐れて、両親に居場所を知らせずに過ごしました。

しかし、母が病気になったことをきっかけに、監禁から20年以上たって、ようやく両親や兄弟と交流を再開することができるようになりました。幸いなことに、両親ともに、私の勤める病院でお世話をすることができたのです。

マスメディア報道で不安をあおられた両親が、宮村峻氏や松永堡智牧師らの指導に従わなければ、監禁生活や、長きにわたる家族との断絶はなかったろうと思うと、私は同じような犠牲者を生み出しかねない今のマスメディアの魔女狩り的な報道に対し、深刻な思いにならざるを得ません。

12年5カ月にわたって続けられた拉致監禁

後藤徹

私は、「全国拉致監禁・強制改宗被害者の会」の代表を務めている後藤徹といいます。これから、私の12年５カ月間にわたる拉致監禁の体験をお話しさせていただきます。

なお、私が代表を務めている「全国拉致監禁・強制改宗被害者の会」のホームページアドレスはこちらですので、ご覧になっていただければ幸いです。

https://kidnapping.jp/

今から27年前の話になります。その時、私は31歳でした。１９９５年９月のある日、私が東京の自宅に帰省した際、突然、家族や見知らぬ人たちに取り囲まれたのです。そのまま無理やりワゴン車に押し込まれ、その後、監禁用に準備されたマンションに連行されました。

私が監禁されたのは、都内のマンションです。そのマンションの最上階の８階に監禁部屋がありました。

【写真１】

玄関のドアには、防犯のドアチェーンが掛けられ、そのチェーンを、さらに南京《なんきん》錠で施錠していました【写真1】。そうすると、玄関から決して出ることができなくなります。

また、マンションの窓に防犯グッズを取り付けることで、窓を内側から開けることができなくしてありました【写真２】。

【写真２】

また、別の窓の一般的なクレセント錠が、鍵付きクレセント錠に付け替えてありました【写真３】。

【写真３】

この鍵で施錠してしまうと、クレセント錠自体が動かなくなります。私はこれを何度も蹴り飛ばして破壊しようとしましたが、全くダメでした。

次ページの図1は、監禁されたマンションの間取り図です。実はこの間取りは、監禁するのに実に都合がいいことが分かります。この点Aが私ですが、この監禁部屋から玄関まで、とても遠いのです。今分かっているだけ

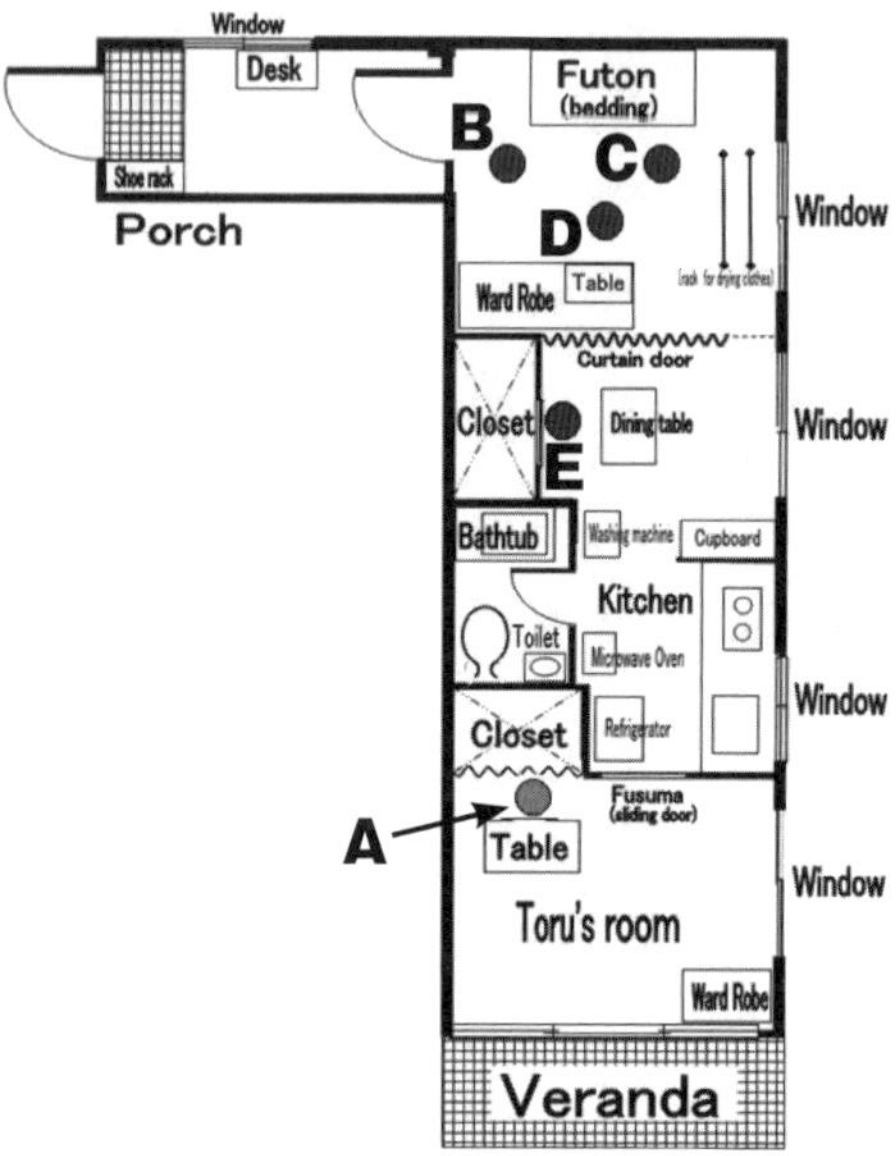

【図１】

でも、私よりも前の時期に、同じマンションのそれぞれ別の階に3人の家庭連合（旧統一教会）信者が監禁されていました。

家族はこの点B～Eです。ところで、私の家族は、もともとこのマンションから遠くない一軒家に住んでいました。しかし、その一軒家は12年間、空き家状態でした。家族はわざわざ、監禁用に確保したこのマンションに生活用品を持ち込み、そこに住み込んで、私が逃げないように監視し続けたのです。

ここで、皆様に特に知っていただきたいことは、拉致《らち》監禁の首謀者についてです。拉致監禁を直接行ったのは家族ですが、私の家族はもともとても仲が良く、両親は大変、良識人でした。ですから、このような犯罪的な脱会説得の方法を、両親だけで思いつくはずがありません。つまり、この拉致監禁にはそれを教唆し、やり方を指導した別の人物がいるのです。

それが、脱会説得の専門家、あるいは脱会カウンセラーと呼ばれる人たちです。私の場合には、この2人の人物でした。キリスト教牧師の松永堡智《やすとも》氏と、プロの脱会屋、宮村峻《たかし》氏です。

他の多くの拉致監禁のパターンも同じですが、自称、脱会の専門家たちは、相談に来た家庭連合信者の父兄に対し、家庭連合の悪い情報を強烈に吹き込みます。そして、心配をあおられた父兄に対し、彼らが教唆して指導する方法こそが拉致監禁なのです。

さらに、彼らには謝礼金と称して、法外なお金が支払われているという多くの証言があります。ですから、もはやこれは、悪質な「拉致監禁ビジネス」と言っても過言ではありません。

次に、監禁マンションでの「脱会説得」の様子をお話しさせていただきます。

脱会説得者が来た時には、このような状態になります【図2】。私【点A】の正面に説得者が座り、その周りを家族、監禁下で脱会した元信者らが取り囲みます。

ここで説得者、宮村氏【点F】が、このように言います。

「おまえはマインドコントロールされている」

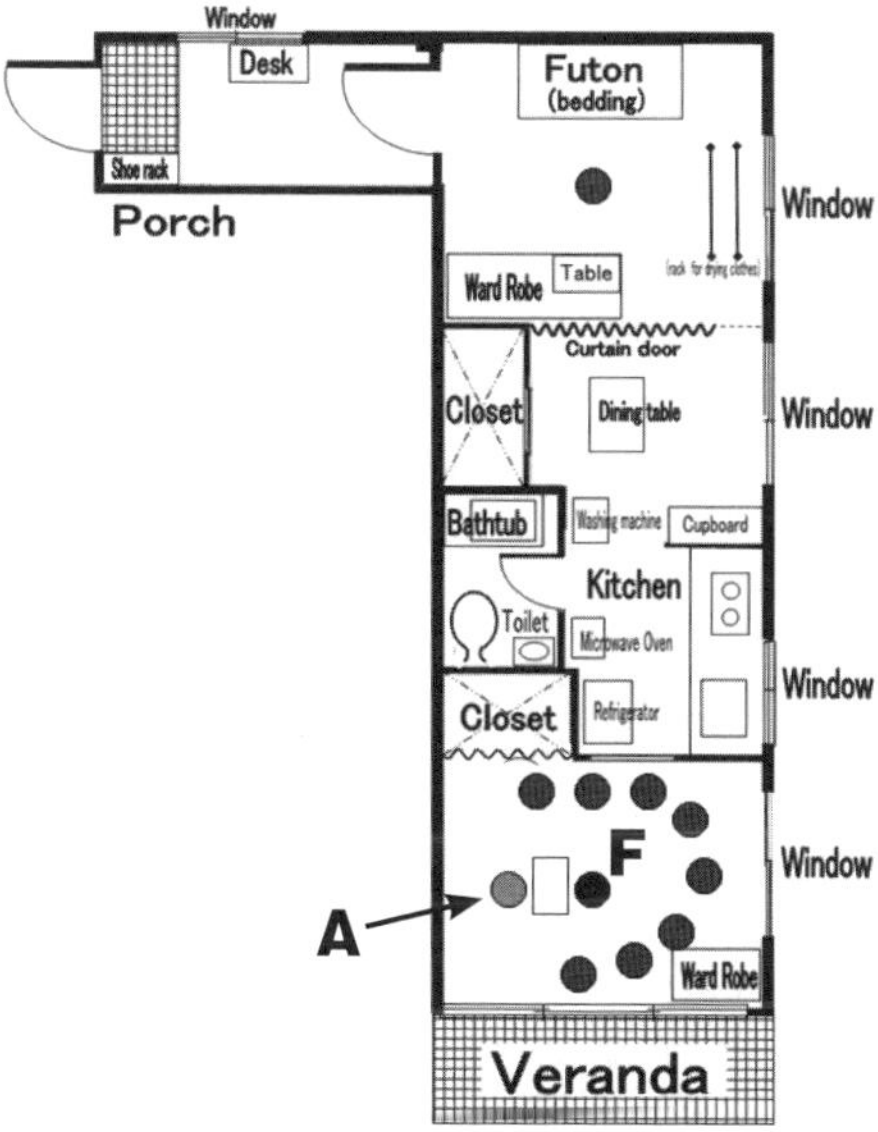

【図2】

「自分の頭で考えられなくなっている」

「頭が正常に働くようになるまで、ここから出られないぞ」

そして、こちらが何か反論すると、「バカ、アホ、悪魔」という罵声が飛んできます。

「態度がデカイ！」と言われては、何度も平手打ちされます。

「人の話、聞いてんの！」と言われては、熱いお茶を顔面にかけられます。

「目を覚ませ！」と言われては、氷水を背中に流し込まれます。

また、インフルエンザにかかって40度近い熱が続いても、私は医者にかかることさえできませんでした。

閉ざされた脱出不能の部屋の中、毎日、毎日、創始者・文鮮明《ムンソンミョン》師や家庭連合に対する、耳を塞ぎたくなるようなひどい悪口を強制的に聞かされます。

自分の命よりも大切な信仰が破壊される恐怖も相まって、そのとき受ける精神的苦痛は言語を絶したものになります。

苦しさのあまり、いっそのこと死んでしまいたいとまで思ったこともありました。

監禁中、私は何度も何度も、実力で脱出を試みました。「助けてくれー！　警察を呼べー！　ここに監禁されてまーす！」と、のどが張り裂けるほど叫びながら、玄関目がけて突進もしました。

そのようなときは、必ず複数の人間により羽交い絞めにされて押し倒され、口を塞がれました。その圧力で体中がアザだらけになり、夜はその痛さで眠れなくなります。着ていた服はボロボロに破け、体の傷から血がしたたり落ちました。

監禁現場では、このような暴力が日常的に行われるのです。

40歳になったとき、私は監禁に抗議して、ハンガーストライキを3回決行しました。3回目は無期限を決意しましたが、身の危険を感じ、30日目に断食を終了することを宣言しました。

ところが、その後、わずかな流動食しか出されないなど、過酷な食事制裁を受けるようになりました。その虐待が、ハンスト終了後、約2年弱も続いたのです。

この時は極度の栄養失調に陥り、私は極度に痩せましたが、それはハンストをしたことが直接の原因ではなく、断食後において、約2年弱にわたって過酷な食事制裁を受けたためでした。

監禁から12年5カ月たった２００８年2月、監禁することに疲れ果てた家族が突然、「即刻出て行け！」と命じてきました。当時、私は体重が激減し、体力も落ちていたため、家族によって体を持ち上げられ、着のみ着のままの一文無しで、玄関から外に放り出されてしまいました。

ようやく自由の身となったものの、行くあてもなかったため、仕方なく約10キロ離れた渋谷の家庭連合本部に助けを求めようと歩き始めました。

ところが、長年歩いていなかったため、途中で足が猛烈に痛み出し、とうとう歩けなくなってしまいました。飢えと寒さで、命の危険も感じました。

そこで、助けを求めて道行く人に声をかけたところ、なんとその人が、家庭連合の教会員だったのです。その人に助けられて、何とか生きて、本部にたどり着くことができました。私はこの出会いが、神様の導きであったと確信しています。

私は、もはや一人で立つこともできず、病院へ緊急入院しました。医師の診断によると「全身筋力低下、廃用性筋萎縮（筋肉を使わないために筋肉組織が退化して小さくなった状態のこと）、栄養失調、貧血」ということで、その後、約50日間の入院生活を余儀なくされました。

これは解放から3日目の写真【写真4～5】です。31歳で監禁された私は、解放されたときには44歳になっていました。

私は退院してすぐに、監禁に関与した者たちを刑事告訴しました。

ところが、警察の動きは極めて鈍く、誰一人として逮捕せず、強制捜査も一切行いませんでした。その結果として、彼らから自供や証拠を得ることが難しくなってしまいました。

そして告訴から1年以上たった頃、検察庁が「不起訴」という信じられない処分を下したのです。検察により提示された不起訴理由は、全く納得のいかないものばかりでした。

拉致《らち》監禁を到底許すことができない私は、２０１１年1月に民事訴訟を起こしました。

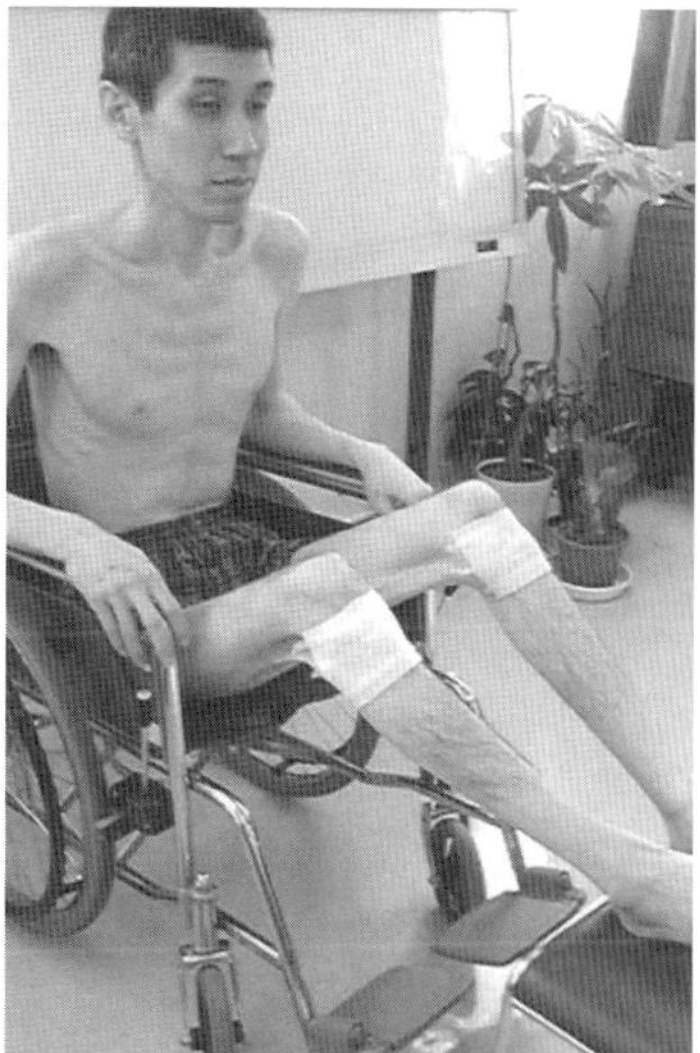

【写真4】

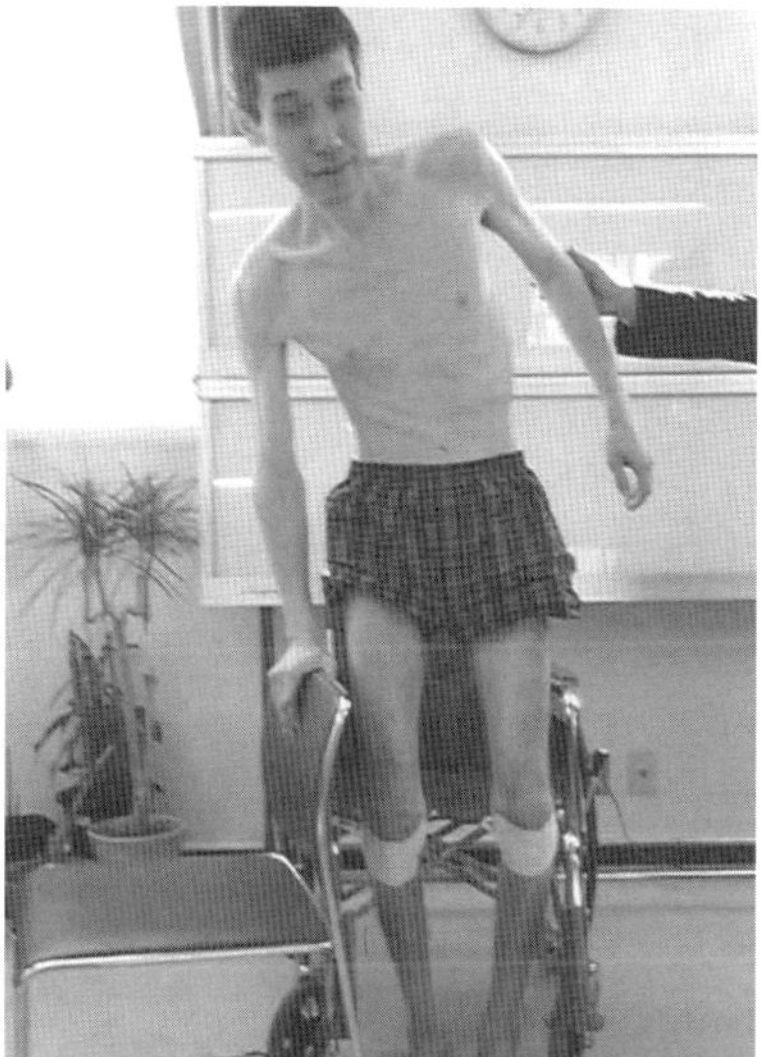

【写真5】

＊撮影：米本和広氏

民事訴訟では、いくつかの新たな重要証拠を裁判所に提出することができました。

その一つは、被告側の弁護士たちにとって衝撃的なものでした。それは、家庭連合に反対する弁護士グループに所属していた、一人の弁護士による内部告発でした。その弁護士の証言によると、被告・宮村峻《たかし》氏の弁護人であった弁護士が、実は宮村氏が家庭連合信者を拉致《らち》監禁して脱会説得していることを知りながら、黙認してきたというのです。その弁護士とは、長年にわたり、家庭連合に反対する弁護士の代表を務めてきた人物です。誰よりも法を遵守すべき弁護士が、あろうことか、違法行為が行われていることを知りながら、それを見て見ぬふりをしてきたというのです。

このような貴重な証言が証拠として取り上げられたこともあり、民事裁判は第1審、第2審と勝訴しました。被告側の違法行為が認められ、「12年5カ月間、狭い部屋に監禁状態にあった」ことが認定されて、裁判所は被告側に総額2200万円を支払うよう命じました。

被告側は最高裁に上告しましたが、2015年9月29日に上告が棄却され、控訴審判決が確定しました。ついに、被告側の「家庭連合信者の救出」という正義の仮面が剥《は》がれ、脱会説得の専門家、脱会カウンセラーの違法性、犯罪性が法廷の場で暴かれたのです。

このような悲惨な拉致監禁被害は、私だけの特別なものではありません。今まで過去半世紀で4300人を超える家庭連合信者が同様の被害を受けてきたのです。

12年5カ月にわたる拉致監禁の違法行為が民事裁判で認められ、さらに2014年には、国連の自由権規約人権委員会が、日本で行われている拉致監禁による強制棄教活動に対して初めて懸念を表明したこともあり、拉致監禁による脱会説得はほぼ終息したかと思われました。しかし、昨年度にはまた監禁事件が発生したのです。

また、2022年7月8日、安倍晋三元首相が白昼に襲撃されて殺害されるという未曾有《みぞう》のテロ事件が起こりました。その犯人の動機が、家庭連合に対する恨みであったという報道が日本国中を席巻《せっけん》しました。今、加熱するマスメディアの報道によって日本全体が、家庭連合をまるで犯罪者集団であるかのようにバッシングする状態にあります。家庭連合の信徒の一人として、本当に心が痛みます。その一方で私が危惧することは、この報道に乗じて、今後、脱会カウンセラーを名乗る反対牧師や脱会屋の暗躍が再燃することです。〝家庭連合からの救出〟という彼らなりの歪《ゆが》んだ大義名分によって、再び拉致監禁による脱会説得が行われるのではないかと、大変心配です。拉致監禁は犯罪です。脱会するまで拘束する彼らのやり方は、「信教の自由」の侵害であり、深刻な人権侵害です。いかなる理由があろうとも、拉致監禁を容認することは許されません。

日本は憲法において、「基本的人権」と「信教の自由」が保障された法治国家です。私たちのようなマイノリティーな宗教の信者にも、この憲法の条項が平等に及び、これ以上、拉致監禁による強制棄教に怯《おび》えることなく、安心して日常生活ができる日が、一刻も早く訪れるように切に願ってやみません。

拉《ら》致《ち》監禁　家庭連合（旧統一教会）に反対する人々

2022年9月9日　初版発行

編　集　世界平和統一家庭連合 総務局

発　行　株式会社 光言社
〒150-0042　東京都渋谷区宇田川町37-18
電話（03）3467-3105
https://www.kogensha.jp

印刷所　株式会社 ユニバーサル企画

ISBN978-4-87656-222-0